CCC 순모임 교재 : 크루닷컴2

CRU.COM 2

삶은 동행으로 힘을 얻는다

CRU.COMM 2 _동행

2007년 1월 1일 초판 1쇄 발행
2016년 9월 30일 개정판 1쇄 발행
2026년 2월 28일 개정판10쇄 발행

지은이 : CCC MRD
펴낸곳 : 순출판사
편집디자인 : 박금비, 김혜령
표지디자인 : 김혜령(VLM)
일러스트 : 박금비(VLM)

등록번호 : 제 2020-000159호

주소 : 서울시 종로구 백석동 1가길 2-8
전화 : 02-722-6931~2 팩스 02-722-6933
홈페이지 : www.soonbook.co.kr

ISBN 978-89-389-0317-4

값 5,000원

삶은 동행으로 힘을 얻는다

발간사

지금 우리가 살고 있는 세상은 상상할 수 없을 만큼 빠르게 변하고 있습니다. 그리스의 변혁의 철학자 헤라클리투스(Heraclitus)는 "어느 누구도 같은 강물에 발을 두 번 담글 수 없다. 두 번째 발을 담글 때는 처음 물이 이미 흘러가버렸기 때문이다"라고 말했습니다. 이 말은 우리 시대의 크고 빠른 변화 속에서 더욱 의미심장하게 들립니다. 세상을 이끌어나가고 변화시켜야 할 사명을 가진 그리스도인들이 변화를 주도하고 세상을 이끌기보다는 도리어 세상의 빠른 변화를 따라가지 못해 허우적거리고 있는 것은 아닌가 하는 안타까움을 가집니다.

변화는 우리가 지금 하고 있는 모든 것을 돌아보고 평가하게 합니다. 하나님의 말씀은 영원불변하지만 말씀이 제시되는 방법은 시대와 문화와 사람들의 필요에 따라 변해야 합니다. 영원히 변치 않는 말씀이라도 시대에 맞는 새로운 옷을 입는 것이 필요합니다.

세상의 변화와 도전에 대응해 온 CCC는 이번에 성경 본문에 근거해 성경을 공부할 수 있는 새로운 순모임 교재를 만들었습니다. 이 성경공부 교재는 이전의 주제 중심의 교재와는 달리 신앙 성장의 주요 주제를 따라가지만 성경 본문을 중심으로 공부할 수 있도록 만들어 통합적 접근을 하고 있습니다. 또한 함께 공부하는 사람들이 서로 생각을 나누고 토의하고 배운 것을 각자의 삶에 적용하게 함으로 교수자 중심에서 학습자 중심으로 바뀌었습니다.

앨빈 토플러(Alvin Toffler)가 지적한 대로 지금은 "탈 대형화"

(Demassification)시대로 전환되고 있습니다. 이런 흐름이 교회에 어떻게 적용될지 예측하기는 어렵지만, 분명한 것은 모든 것이 첨단화되고 정보화되는 하이테크(High-Tech)시대에 사람 사는 냄새가 나고 마음과 마음이 통하며 나의 아픔과 기쁨을 함께 나누고 무거운 짐은 같이 들어주는 하이터치(High-Touch)의 소규모 모임들이 앞으로 더욱 발전하지 않을까 예상해봅니다.

사실, 교회와 선교단체 안에 이미 셀, 순, 속회, 목장, 구역, 다락방 등의 작은 모임들이 세포처럼 형성되어 있습니다. CCC에도 "순"이라는 소그룹이 전국 각 대학에 형성되어 있어 저희가 지향하는 영적 운동의 기초가 되고 있습니다. 이런 작은 모임들의 건강한 성장과 확산이 하나님 나라를 위한 영적 운동의 뿌리라면, 이 그룹들이 하나님의 말씀으로 무장하여 이 땅에 하나님 나라가 임하게 하는 일에 헌신하도록 도와주어야 합니다.

이 성경공부 교재를 사용하는 교회와 선교단체의 모든 소그룹들이 하나님의 말씀을 깊이 깨닫고 이를 각자의 삶에 적용할 뿐 아니라 서로 신뢰하고 사랑하며 삶과 사역을 함께 나누므로 지성과 영성은 물론 원만한 인격과 건강한 대인관계를 배우는 영적 훈련의 장이 되기를 소원합니다. 또한 소그룹에 참여한 사람들이 다른 사람들의 삶을 변화시키며 나아가 세상을 변화시키는 귀한 일군들이 되기를 소원합니다.

CCC 대표
박성민 목사

CRU.COMM 개정판

Cru.Comm(크루닷컴)은 미국 CCC의 학원 사역팀에서 개발한 청년 소그룹 성경공부 교재이다. 이 교재는 대학생들이 캠퍼스 생활을 하는 4년 동안 기본적으로 배우고 알아야 할 신앙의 영역들을 정리하고, 그 영역과 관련된 주제를 다루는 성경을 선택했다. 주제와 함께 성경 본문의 내용을 충실히 공부할 수 있도록 구성함으로 주제와 본문 중심의 통합적 성경연구 교재이다.

한국 CCC는 이 교재를 전도, 육성, 파송의 단계별로 『예수님과의 만남』, 『예수님과의 동행』, 『예수님께의 헌신』, 『예수님을 섬김』의 4권으로 구성해 2007년 시험판, 2008년 초판을 발행하여 사용해 왔다. 이번 2016년 개정판은 한국 대학생들의 변화된 상황을 고려해 더 쉽고 간결하게 본문과 주제를 다룰 수 있도록 보강하여 『삶은 만남으로 시작한다』, 『삶은 동행으로 힘을 얻는다』, 『삶은 헌신으로 성숙해진다』, 『삶은 섬김으로 풍성해진다』는 제목으로 발행하게 되었다.

Cru.Comm은 CCC 내의 소그룹 모임(순모임)은 물론 교회나 선교단체, 각종 기독교 동아리 등의 청년 대학생 성경공부 모임에 유용하게 사용할 수 있다. 이 교재는 청년들이 말씀을 통한 신앙의 성숙은 물론 실제 삶 속에서 주님의 제자로 살아갈 수 있도록 도울 것이다.

Cru.Comm : Crusade Communities의 줄임말이다.

CRU.COMM 교재의 장점

1. 성경 한 권 전체를 조망해서 특정 주제를 공부함으로 그 주제는 물론 성경을 입체적이고 종합적으로 이해할 수 있다.
2. 각 과의 내용은 참여자들의 생각과 의견을 충분히 반영할 수 있는 열린 질문을 통해 학습자 중심으로 성경을 공부하게 한다.
3. 성경 공부에서 배운 원리들을 삶에서 실천할 수 있도록 적용 질문과 "Movements Everywhere!"를 두어 구체적인 삶의 변화가 일어나게 한다.
4. 각 과의 아티클은 그 과의 주제를 더 깊이 깨닫고 관련된 영역의 지식을 깊게 한다.
5. 하나님의 말씀을 삶의 근간으로 하는 성령 충만한 청년 대학생을 키워냄으로 캠퍼스와 직장에서 영적 운동을 일으키며 지상명령 성취를 돕는다.

CRU.COMM 단계별 소개

만남

그리스도를 만난 사람이 구원의 확신을 가진 후, 그리스도인의 성장에 필요한 기본 영역들을 배우고 훈련한다.

동행

지속적으로 하나님과 동행하며 제자로서 성장하기 위해 필요한 자질을 배우고, 다른 사람들에게 자신의 신앙을 전하며 제자들을 육성한다.

헌신

공동체의 리더로서 필요한 자질을 배우며 성경 속에 나타난 하나님의 구속 계획을 이해하여 구속 역사 속에서 자신의 역할이 무엇인지 깨닫고 헌신한다.

섬김

그리스도의 제자로 세상에 파송되어 자신의 전문 영역 속에서 세상을 변화시키는 일에 헌신함으로 지속적으로 지상명령 성취를 돕는다.

| 목 차 |

누가복음 개관

배경 | 누가복음을 기록할 당시 로마는 이스라엘을 포함한 지중해 세계를 지배하는 대제국이었다. 로마는 제국을 통치하기 위해 압제와 수탈을 일삼았고, 황제숭배를 강요했으며 황제를 신으로 섬기지 않는 사람들(특히 그리스도인)을 탄압했다. 또한 로마는 막대한 부를 쌓아 물질적인 풍요로움을 누렸지만 부패와 타락은 늘어갔다. 이런 상황에서 사람들은 참된 진리를 갈망했고, 제자들이 지중해 세계 곳곳을 다니며 그리스도를 전파했을 때 많은 사람들이 그리스도를 영접하게 되었다(사도행전 참고). 누가복음의 수신자가 헬라식 이름과 호칭인 "데오빌로 각하"(눅 1:1)인 것을 볼 때 이미 많은 이방인들이 그리스도를 믿었다는 것을 알 수 있다.

기록 목적 | 누가복음은 예수님이 잃어버린 자를 찾아 구원하시기 위해 오신 참된 메시아임을 증거한다(눅 19:10). 특히 데오빌로처럼 복음을 알고 있는 이방인들의 믿음을 더욱 견고히 하기 위해(눅 1:4) 예수님의 태어나심부터 부활, 승천하실 때까지의 삶과 사역과 가르침을 기록하고 있다.

특징 | 첫째, 누가복음은 예수님이 종교적, 사회적으로 소외된 자들(사마리아인, 여인, 가난한 자, 이방인 등)에게 관심을 가지시는 것을 강조한다. 당시 사람들은 소외된 자들은 하나님의 구원의 대

상이 될 수 없다고 생각했지만 예수님은 소외된 자들을 포함한 모든 사람을 구원의 대상으로 여겼다. 이것은 예수님을 따르는 제자들 역시 소외된 자들에게 관심을 가져야 한다는 것을 암시한다.

둘째, 누가는 성령의 사역을 강조한다. 누가복음에서 예수님은 성령으로 잉태되고(1:35), 성령의 권능을 입고(3:22; 4:1, 14, 18), 성령으로 다른 사람들에게 세례를 준다(3:16). 또한 아버지가 성령을 주실 것이라고 가르치고(11:13), 성령을 모독하는 죄를 경고하며(12:10), 성령께서 제자들을 가르치실 것이라고 약속한다(12:12). 성령은 예수님과 함께 구원 사역을 이루시는 분이요, 예수님의 승천 후에는 제자들이 증인된 삶을 살게 하시는 분이다.

셋째, 누가복음은 기도에 대한 특별한 관심을 보인다. '기도'라는 용어가 자주 사용되고, 다른 복음서에는 없는 기도에 관한 비유가 있으며(11:5~8; 18:1~14), 예수님의 기도하는 모습이 강조된다(5:12~16; 6:12~13; 9:18~22; 22:32). 이는 예수님을 따르는 제자에게 기도는 특권이자 의무라는 것을 보여준다.

예루살렘을 향한 여정

"승천하실 기약이 차가매 예루살렘을 향하여 올라가기로 굳게 결심하시고"라고 시작되는 누가복음 9:51부터

19:27까지의 내용은 예수님이 십자가를 지시기 위해 예루살렘으로 가시는 여정을 다룬다. 『삶은 동행으로 힘을 얻는다』에서 다루는 누가복음 본문은 예수님이 고난과 죽음의 장소인 예루살렘으로 가는 길에서 제자들을 가르치신 내용이다. 이 여정에서 예수님은 지상명령을 수행해 나갈 제자들에게 제자의 삶에 필요한 헌신, 우선순위, 기도, 진리를 따르는 담대함, 재물관, 전도 등을 집중적으로 가르치신다.

구조

I. 서론(1:1~1:4)

II. 예수님의 탄생과 유년시절(1:5~2:52)

III. 공생애 준비기(3:1~4:15)

IV. 갈릴리 사역(4:16~9:50)

V. 예루살렘을 향한 여정(9:51~19:27)

VI. 예루살렘에서의 사역(19:28~21:38)

VII. 고난과 부활(22:1~24:53)

BUILDING SPIRITUAL MOVEMENTS EVERYWHERE

01

예수님께 헌신하는 삶

(누가복음 9:57~62)

예수님은 제자들에게 그분을 따르기 위해서는

헌신이 필요하다고 가르치신다.

이 과에서는 예수님이 요구하시는

헌신의 중요한 요소들을 살펴보게 된다.

도입 | 예수님을 따를 때 경험했던 기쁨과 감사를 나눠보자.

희생

1. 예수님을 따르겠다고 한 첫번째 사람에게 예수님은 어떻게 대답하셨으며 그 의미는 무엇인가? (57~58절)

2. 예수님을 따르기 위해 세상이 추구하는 편안함과 안정감을 포기해야 할 때도 있다. 당신이 예수님을 따르기 위하여 희생한 것 또는 희생해야 할 것은 무엇인가?

머리 둘 곳이 없는 길을 가신 예수님

예수님은 하나님의 뜻을 따라 이 땅에 오셔서 우리를 구원하시기 위해 고난을 받으셨다. 우리도 하나님의 뜻을 따라 살 때 고난을 받을 수 있다. 이는 세상이 하나님의 뜻을 거스르기 때문이다. 그럼에도 주님을 따르는 것은 모든 고난을 감수할 만큼 가치 있는 일이며 이 길에는 하나님이 주시는 힘과 기쁨과 참된 만족이 있다.

복음전파의 우선순위

3. 아버지의 장례를 먼저 치르겠다고 한 사람에게 예수님은 '죽은 자들로 자기의 죽은 자들을 장사하게 하고 너는 가서 하나님의 나라를 전파하라'고 말씀하셨다. 이 말의 의미는 무엇인가? (59~60절)

두 번째 사람은 '나를 따르라'는 예수님의 말씀에 먼저 자신의 아버지를 장사하겠다고 말한다. 당시 유대인들은 사람이 죽으면 시체를 바위굴 등에 넣는 1차 장례를 하고, 1년 뒤에 죽은 사람의 뼈를 유골함에 넣는 2차 장례를 치렀다고 한다. '먼저 가서 아버지를 장사하겠다'는 말이 돌아가신 아버지의 2차 장례를 치러야 한다는 것인지, 아니면 살아계신 아버지의 장례를 염두에 둔 것인지 알 수 없다. 그의 상황을 정확하게 알 수 없지만 그의 말의 의미는 주님의 부르심에 즉각적으로 응답하기보다 먼저 자신의 일에 우선순위를 두겠다는 것이다. 제자는 하나님 나라를 전파하라는 예수님의 부르심을 그 어떤 일보다 최우선에 두어야 한다.

4. 우리 주변에도 두 번째 사람이 '먼저 아버지 장례를 치르고 예수님을 따르겠다'고 말한 것처럼 우선순위를 잘못 두고 있는 그리스도인들이 있다. 그 예를 나눠보라.

온전한 마음

5. 세 번째 사람에게 예수님이 하신 말씀은 무엇을 강조하시는 것인가? (61~62절)

6. 당신이 예수님을 따르기로 결심했지만 뒤를 돌아보게 하는 세상의 유혹이 있는가? 있다면 어떻게 극복하겠는가?

적용 | 예수님은 지금 당신에게도 '나를 따라오라'고 부르신다. 당신은 무엇이라고 대답하겠는가? 당신만의 헌신서약서를 써보라.

헌 신 서 약 서

나 ____________은(는) 예수님의 부르심에 순종하여
아래와 같이 헌신하기로 다짐합니다.

* 희생 :

* 우선순위 :

* 온전한 마음 :

날짜 :
이름 : (서명)

결론 | 예수님께 헌신한 제자는 삶의 안정감과 편안함을 희생할 각오를 해야 한다. 또한 복음을 전하는 일에 최우선 순위를 두어야 하며 두 마음을 품지 말고 온전한 마음으로 예수님을 따라야 한다.

Movements Everywhere!

#1 순원 찾기

주님께 헌신하는 사람은 주님의 지상명령에 따라 제자 삼는 일에도 헌신한다. 기도하며 주변에 예수님과 성경에 관심이 있어 순원이 될 만한 사람을 찾아보라.

* 떠오르는 사람들의 이름 적어보기
* 한 주간 그들의 영적 필요를 살피기

Article

01

상을 얻기 위해 경주하라

하워드 헨드릭스 (Howard Hendricks)

전심을 다해 그리스도를 따르고자 하는 열망을 품게 되면 당신의 삶은 획기적으로 바뀌게 될 것이다.

1940년대 초, 휘튼 대학(Wheaton College)을 다니던 시절에 나는 육상선수였다. 그때 함께 훈련을 받던 사람 중에는 당시 국내 육상 챔피언이었던 길 다즈(Gil Dodds)도 있었다. 지금도 나는 스트레칭을 하고 있던 내게 다가와 내 엉덩이를 찰싹 때리며 "이봐 하워드, 우리 같이 뛰어볼까?"라고 말했던 그의 모습이 생생하다. 우리는 그렇게 처음 만났다.

첫 바퀴를 돌 때 나는 그보다 4~5배 더 빠른 속도로 달렸다. 나는 그를 보며 '세계 챔피언이 되려면 더 분발해야 되지 않을까'라는 생각을 하며 최대한 빨리 달렸다. 한 바퀴를 다 돌고 나자 그는 다시 내 엉덩이를 찰싹 때리며 "이제 세 바퀴만 더 돌면 돼"라고 말했다. 그때 정말 죽는 줄 알았다. 나는 그가 여러 바퀴를 뛰려고 한 것을 몰랐다.

내가 그리스도를 따라 살아온 지 56년이 되었고, 그리스도의 제자로 산다는 것은 100m 달리기와 같지 않다는 것을 이제야 깨닫게 되었다. 제자의 삶은 평생에 걸친 장거리 경주이다. 이 경주의 성패는 출발이 아닌 그 과정의 인내에 의해서, 첫 바퀴를 먼저 뛴 것이 아닌 경주를 완주한 것에 의해 결정된다.

많은 사람들은 훈련을 하지 않아도 저절로 그리스도인의 삶을 살 수 있을 것이라고 생각한다. 그러나 그리스도를 따르는 삶은 장거리 경주하는 것과 같이 훈련과 인내가 요구된다. 사도 바울은 그 비결을 깨닫고 고린도전서 9:24~27에서 다음과 같이 말했다.

> 24운동장에서 달음질하는 자들이 다 달릴지라도 오직 상을 받는 사람은 한
> 사람인 줄을 너희가 알지 못하느냐 너희도 상을 받도록 이와 같이 달음질
> 하라 25이기기를 다투는 자마다 모든 일에 절제하나니 그들은 썩을 승리자
> 의 관을 얻고자 하되 우리는 썩지 아니할 것을 얻고자 하노라 26그러므로

나는 달음질하기를 향방 없는 것 같이 아니하고 싸우기를 허공을 치는 것 같이 아니하며 27내가 내 몸을 쳐 복종하게 함은 내가 남에게 전파한 후에 자신이 도리어 버림을 당할까 두려워함이로다

본문에서 바울은 승리하기 위해 경주하라고 권면한다. 육상 경기에서는 한 사람만이 승리하여 상을 차지하지만 '제자의 삶'이라는 경주에서는 우리 모두 함께 달리고 함께 승리할 수 있다. 바울은 구원을 얻기 위해서가 아니라 섬김에서 오는 상을 얻기 위해 달렸다. 그가 두려워한 것은 구원을 잃어버리는 것이 아닌 소명을 완수하지 못하는 것이었다. 바울은 일평생 다른 사람에게 경주하라고 가르친 자신이 경기가 끝났을 때 실격 처리 된다면 그것처럼 비극적인 일은 없을 것이라고 말한다. 그가 위대한 선교사, 탁월한 신학자, 여러 서신서의 저자인 것이 이 경기에서 실격 처리가 되지 않을 것을 보장해 주지 않는다.

우리도 바울처럼 승리를 위해 경주하고자 한다면 승자의 사고방식을 가져야 한다. 승자의 사고방식이란 쉽게 말하면 우리에게 능력 주시는 그리스도 안에서 모든 것을 할 수 있다는 확신이다(빌 4:13).

나는 1976년부터 1984년까지 달라스 카우보이 미식 축구단 지도목사로 섬겼는데, 전미 미식축구 연맹(NFL)에 소속된 코치들을 통해 놀라운 교훈을 배웠다. 여러 코치들이 경기하기 전에 "하워드 목사님, 저는 이번 경기가 너무 두려워요. 우리 팀원들은 그저 지지 않으려고 경기하는 것 같아요"라고 말한 적이 있다. 그러면서 그들은 이기기 위해 전심으로 경기하지 않고 지지 않으려고 적당히 경기하는 것은 패배의 지름길이라고 말했다. 그리스도인의 삶도 전심으로 순종하지 않고 적당히 노력하는 것에 그친다면 패배할 수밖에 없다.

나는 그리스도인이 두 부류로 나눠진다고 생각한다. "할 수 있다"고 말하는 사람들과 "할 수 없다"고 말하는 사람들이다. 이것은 그리스도를 어떤 분

분으로 보느냐에 따라 나눠진다. 그분을 연약하고 멀리 계신 분으로 보는가? 아니면 이미 우리에게 자신의 능력을 허락하신 분이라고 보는가? 우리 자신의 힘으로는 이 경주를 할 수 없지만 그리스도의 능력으로는 할 수 있다.

이 경주의 승리는 경주의 끝에 결정된다. 많은 사람들이 처음 몇 바퀴, 즉 그리스도인의 삶을 막 시작한 초반이나 중반까지는 그리스도의 제자로서의 특성을 훌륭하게 드러내면서 잘 달린다. 그러나 신앙의 연륜이 깊어져 주님을 위해 가장 열심을 낼 수 있을 것 같은 그때에, 지친 몸으로 푹 눌러앉을 흔들의자를 찾아다닌다. 그러나 바울은 우리에게 승리를 향해 쉬지 않고 달려야 한다고 말한다. 그리스도인의 삶에서 은퇴라는 사고방식이 차지할 자리는 없다.

25절에서 바울은 제자가 되는 것을 당시 고린도 근처에서 2년마다 개최되었던 '이스트미아 경기'(Isthmian Games)에 참가하는 것과 비교하고 있다. 이 경기에 참가하는 모든 운동선수들은 철저한 식단, 훈련된 습관, 언제라도 실격 처리 할 수 있는 심판들의 감독 등의 엄격한 훈련을 견뎌내야 했다. 이런 고대 경기에 참석하려면 적당한 노력으로는 어림도 없었다. 이와 마찬가지로 그리스도를 따르는 제자에게는 자기 부인이 있어야 한다. 때로는 더 좋은 것을 얻기 위해 적당히 좋은 것들을 포기해야 할 때도 있다. 승리하기 원하는 선수는 부지런히 훈련하며 모든 일에 절제한다.

바울은 앞에서 자신을 육상 선수로 비유했다면 26절에서는 자신을 권투 선수로 묘사한다. 권투 선수는 제대로 한 방을 치기 위해 힘을 조절하는 훈련이 필요하다. 26절의 '허공을 친다'는 말은 선수가 링 위에서 머리에 결정타를 맞은 후 간신히 버티며 팔을 휘두르고 있지만 유효타는 없는 상태를 표현한다. 이는 성과 없는 열심일 뿐이다. 바울은 한 방 한 방이 주님께 유효한 점수가 되도록 철저하게 스스로를 훈련했다. 이것이 바로 27절에서 바울이 말한 '내가 내 몸을 쳐 복종하게 한다'는 것이다. 그리스도의 제자가 된다는 것은 훈련된 삶을 산다는 것이다.

나는 새들의 생태를 알아내기 위해 기꺼이 불편함을 감수했던 위대한 자연주의자 존 오듀본(John Audubon)에 관한 글을 읽은 적이 있다. 그의 전기에는 이렇게 쓰여 있다.

> 그는 연구를 성사시킬 수만 있다면 자신이 겪는 육체적 불편은 아무것도 아니라고 생각했다. 그는 특정 야행성 매의 습성을 연구하기 위해 매일 새벽에 일어나 습지로 갔다. 어둠과 안개 속에서 몇 시간이고 꼼짝하지 않고 웅크리고 있어야 했지만, 몇 주를 기다린 끝에 관찰하던 새의 습성에 대한 새로운 정보를 얻으면 보람을 느꼈다.

어느 해 여름에 오듀본은 예민한 물새를 관찰하기 위해 매일 뉴올리언스의 강어귀로 갔다. 그는 거의 목까지 잠기는 고인 물속에서, 수많은 독사들이 얼굴을 스쳐 지나갈 때도 숨죽이며 서 있었다. "기분 좋은 경험은 아니었어요." 그는 열정으로 얼굴이 상기되어 말했다. "그렇지만 그러면 어때요? 그 새의 사진을 찍었는걸요."

오듀본이 새를 찍기 위해 그 정도로 희생할 수 있었다면, 우리는 하나님의 나라를 확장하기 위해 무엇을 할 수 있을까? 바울의 가르침은 분명하다. 우리는 이것을 어떻게 적용해야 할까? 21세기의 그리스도인들에게 상을 얻기 위해 경주하라는 것은 과연 어떤 의미일까?

첫째, 우리는 세상 사람들과 확연히 구별돼야 한다. 세상이 우리를 마음대로 휘두르지 못하도록 확실히 맞서야 한다. 이 시대의 문화에 동화될수록 우리는 점점 사람들에게 영향을 끼칠 수 없게 될 것이다. 우리는 이 부분에 있어서 좀 더 철저해져야 한다. 성경은 우리에게 세상 사람들처럼 살지 말라고 수없이 당부하고 있다. 하나님의 뜻은 우리가 행복하게 사는 것이 아니라 거룩하게 사는 것이다. 하나님을 모르는 이방인이나 말로만 안다고 하는 사람같이 색욕에 빠지지 말고, 자기 몸을 다스려 음란을 버리고 거룩하고 존귀하게 살아야 한다(살전 4:3~5).

이 세상으로부터 확실히 구별되어 살고 싶다면 하나님께 당신을 정결하게 해 달라고 기도하라. 그러면 세상 사람들과는 다른 별종으로 살게 될 것이다. 미식 축구단 지도목사로 있었던 마지막 해에 우리는 열 명 정도의 사람들이 그리스도께로 나아오는 것을 보게 되었다. 그들은 모두 중간 수비수였던 밥 브루닉(Bob Breunig)과 그의 아내 메리(Mary)의 훌륭한 결혼 생활 때문에 회심하게 되었다. 우리 사회는 구별된 삶의 방식으로 본이 되어 줄 사람들을 필요로 하고 있다.

둘째, 우리는 더 철저히 훈련받되 덜 소극적이어야 한다. 교회를 볼 때 염려 되는 것 중 하나는 많은 사람들이 비판을 너무 두려워 한다는 것이다. 사람들에게 칭송받는 것을 좋아한다면 절대로 상을 얻기 위한 경주를 할 수 없다. 제자의 삶은 비판의 위험에 노출될 수밖에 없다.

나를 가장 힘들게 하는 것은 오늘날의 복음주의 기독교인들이 그저 그렇게 살아간다는 것이다. 어떤 사역을 하든지 당신이 속한 공동체에 영향을 끼치게 되면 당신은 분명 비판을 받게 될 것이다. 마귀는 할 수 있는 한 비판이라는 형태로 당신을 공격하려고 할 것이다.

셋째, 제자로 사는 것을 인생의 가장 중요한 목표로 삼아야 한다. 이제 더 이상 별로 중요하지 않은 부차적인 일들에 많은 시간을 소모하지 말아야 한다. 인생은 동전을 사용하는 것과 같다. 동전과 인생 둘 다 우리가 원하는 대로 사용할 수 있지만, 단 한 번밖에 사용할 수 없다는 것을 기억해야 한다.

그리스도의 제자답게 살라.

승리하기 위해 경주하라.

상을 얻기 위해 달려가라.

하나님 나라를 위해 절대 헌신하라.

영원히 지속될 목적에 삶을 투자하라.

국제 CCC 격월간지 Worldwide Challenge. ©1989에서 발췌

02

예수님께 초점을 맞추라

(누가복음 10:38~42)

예수님을 따르는 사람에게 가장 중요한 것은
주님과 교제하는 시간이다.
이 과에서는 마리아와 마르다의 이야기를 통해
많은 일들 속에서도 주님께
초점을 맞추어야 함을 배우게 된다.

도입 | 당신은 분주하게 많은 일을 했지만 정작 중요한 것을 놓쳐버린 적이 있는가?

예수님을 맞이하는 마리아와 마르다

1. 마리아와 마르다는 예수님이 그들의 집에 오셨을 때 어떻게 행동했는가? (39~40절상)

2. 마르다는 왜 화가 나고 불만이 가득했을까? (40절)

3. 마르다가 손님맞이로 분주할 때 마리아가 중요하게 여겼던 것은 무엇일까? (39절)

가장 중요한 일

4. 예수님은 불평하는 마르다에게 어떻게 말씀하시는가? (41~42절)

5. 예수님은 왜 마리아가 좋은 것을 선택했다고 말씀하시는가? (42절)

6. 당신은 마르다처럼 주님을 섬긴다고 하면서 주님께 집중하지 못하고 분주했던 적이 있는가? 주님께 초점을 맞추기 위해 당신이 해야 할 것은 무엇인가?

적용 | 하나님과 교제하는 경건의 시간은 분주한 삶 속에서도 우리의 초점을 하나님께 향하게 한다. 경건의 시간을 언제 어떻게 보낼지 구체적으로 계획해 보라.

결론 | 진정한 섬김은 하나님과의 친밀한 교제로부터 시작된다. 우리는 말씀을 통해 주님과 교제하는 것을 삶의 최우선 순위로 두어서 주님께 초점을 맞춘 삶을 살아야 한다.

Movements Everywhere!

#2 순모임 준비하기

순원이 생기면 순모임을 어떻게 인도할지 중순장과 연습해보라.

* 새생활의 시작 1과 인도 준비하기
* 중순장 앞에서 시범하기

Article

02

하나님과 함께하는 시간

마리아와 마르다 이야기는 하나님과 시간을 보내는 것과 하나님을 섬기는 것 사이에서 무엇을 선택해야 할지 몰라 갈등하는 우리의 상황을 잘 보여준다. 우리는 모두 바쁘게 살아간다. 직장과 학교, 여러 관계와 사역으로 홀로 주님과 보낼 시간을 확보하기가 어렵다. 그러나 매일의 삶 속에서 하나님과 시간을 보내는 것보다 중요한 것은 없다. 우리가 일상생활에서 음식을 먹거나 씻는 것을 소홀히 하지 않듯이, 하나님과 함께하는 시간이 우리 삶에 깊이 뿌리내리도록 이 시간을 하루 일과의 최우선 순위로 삼아야 한다.

하나님과 역동적이고 인격적인 동행을 지속하기 위해 규칙적인 경건의 시간(Quiet Time)을 가지는 것은 필수적이다. 이제 막 기도와 성경 공부를 시작한 새신자이든지 이미 성경을 통독한 성숙한 신자이든지, 홀로 하나님과 교제하기 위한 시간을 확보해야 한다. 누군가와 관계가 깊어지기 위해서 시간과 헌신이 필요하듯이 하나님과의 관계 안에서 성장하기 위해서도 시

간과 헌신이필요하다.

신약성경의 저자들은 주님과의 관계에 대해 종종 이야기한다. 베드로는 성도들에게 “오직 우리 주 곧 구주 예수 그리스도의 은혜와 그를 아는 지식에서 자라 가라…”라고 격려했다(벧후 3:18). 바울은 에베소에 있는 성도들을 위해 “우리 주 예수 그리스도의 하나님 영광의 아버지께서 지혜와 계시의 영을 너희에게 주사 하나님을 알게 하시고”라고 기도했다(엡 1:17). 심지어 예수님도 규칙적으로 하나님과 함께하는 시간을 가지셨다. 마가복음 1:35은 예수님이 새벽에 홀로 한적한 곳으로 가서 하늘의 아버지께 기도하셨다고 말한다. 누가복음 22:39은 감람산이라 불리는 곳이 예수님이 자주 가서 기도하시던 장소였음을 알려준다. 누가복음 6:12은 예수님이 열두 사도를 선택하기 전에 온 밤을 지새우시며 기도하셨음을 알려준다. 육신으로 오신 하나님이신 예수님도 홀로 하나님과 시간을 보내셨다면 하물며 우리는 어떠하겠는가?

매일 경건의 시간을 의미 있게 보내기 위해서는 구체적인 시간을 정하는 것, 구체적인 장소를 정하는 것, 그리고 방향을 잡아주는 목표와 계획을 세우는 것이 필요하다.

수많은 일들이 나를 끌어당기며 방해하기 전인 이른 아침에 하나님과 시간을 보내는 것이 가장 좋을 수 있다. "아침형 인간"이 아니라면 다른 시간대를 활용할 수도 있다. 다만 하나님과 시간을 보내기 위해 모든 것을 차단하고 그 어떤 것도 방해하지 못하도록 철저히 시간을 확보해야 한다.

하나님과 교제하기 위해 구체적인 시간을 확보하는 것이 중요한 것처럼, 하나님과 함께 할 구체적인 장소를 정하는 것 또한 중요하다. 종교적인 장소이냐 아니냐는 중요하지 않다. 어떤 장소든지 산만하지 않고 하나님과 교제하는 데 방해받지 않는 장소면 된다. 또한 어느 곳으로 정했든지 시간을 정했다면 제 시간에 도착해서 하나님께 집중해야한다.

경건의 시간의 방향을 잡아주는 목표와 계획을 세울 때에는 두 가지 규칙이 필요하다. 하나님이 그분의 말씀인 성경을 통해 우리에게 말씀하시도록 성경을 묵상하는 것과 기도를 통해 하나님께 이야기하는 것이다. 다른 훌륭한 방법들로 하나님과 시간을 보낼 수도 있겠지만 절대 성경공부와 기도를 소홀히 해서는 안 된다. 이 두 가지는 하나님과의 관계를 성장시킬 수 있는 주요한 방법이다.

우리는 성경을 묵상할 때 그분의 성품에 집중하면서 하나님을 알고 경험하도록 힘써야 한다. 우리를 향한 하나님의 사랑, 우리를 구원하시고 용서하시는 은혜, 창조를 통해 드러난 능력, 위엄과 위대하심 같은 하나님의 성품은 집중해서 묵상해야 한다. 또한 마음에 감동이 되는 말씀에 밑줄을 긋거나 기록해 놓는 것도 좋다. 예를 들어 '서로 사랑하라'는 본문을 읽다가 사랑하지 않는 사람과의 관계가 생각난다면 우리가 그 문제를 해결하도록 성령께서 우리에게 말씀하시는 것으로 생각할 수 있다. 하나님은 그분의 말씀을 통해 우리와 소통하신다. 우리가 말씀의 가르침에 반응하고 순종할 때 하나님과의 교제가 깊어진다.

다른 관계와 마찬가지로, 하나님과의 관계에서도 말을 주고받을 때 진정한 소통이 된다. 하나님이 성경을 통해 우리에게 말씀하실 때 우리는 기도를 통해 그분께 이야기해야 한다. 하나님께 기도할 때, 우리는 마음을 열고 정직하게 아뢸 수 있다. 실패를 나누고 죄를 고백하며 힘든 일들을 함께 의논하고, 그분의 성품을 찬양하고 그분이 행하신 일에 감사드릴 수 있다. 기도를 통해 지속적으로 하나님을 구할 때 하나님이 우리에게 해야 할 것과 피해야 할 것이 무엇인지 분명하게 알려주시는 것을 경험하게 될 것이다.

기도할 때 ACTS를 기억하면 도움이 된다.

Adoration(경배)- 하나님의 성품을 찬양하라.

Confession(고백)- 죄를 지었음을 인정하라.

Thanksgiving(감사)- 주님이 행하신 일과 약속하신 모든 것에 감사를 표현하라.

Supplication(간구)- 당신의 필요와 걱정을 주님께 말하라.

경건의 시간에 기도와 성경공부를 지속해야 하지만 이 시간을 좀 더 창의적으로 다양하게 보낼 수 있다. 실제로 우주만물을 지으신 하나님과 친밀한 시간을 갖기 위해 덜 지루한 방법을 찾아내는 그리스도인들이 있다. 이성과 데이트 할 때 매번 밥만 먹고 영화만 본다면 얼마나 지루할지 상상해 보라. 사람들과 교제할 때도 다양하고 즐거운 활동을 찾아 하듯이 하나님과 다양한 방법으로 교제하는 것이 중요하다. 우리가 경건의 시간에 할 수 있는 다른 활동들은 교훈적인 온라인 강의 듣기, 찬양하기, 성경 본문을 따라 기도하기, 성경 구절 암송하기, 성경 각권의 개요 정리하기, 기도일기 쓰기,

성경에 나오는 주제 또는 단어 공부하기, 하나님이 주신 축복 적어보기, 산책하며 기도하기, 하나님께 편지쓰기, 침묵하며 하나님의 음성에 귀 기울이기, 하나님을 생각하며 그림 그리기, 신앙서적 읽기, 신문을 읽으며 시사와 관련된 기도하기, 감명 깊은 찬양을 들으며 하나님을 묵상하기, 하나님을 위해 시 짓기 등 무궁무진하다.

그러면 어디서부터 시작해야 할까? 먼저 당신이 경건의 시간을 어떻게 보내고 있는지 정직하게 평가하는 것에서부터 시작해야 한다. 당신은 얼마나 자주 경건의 시간을 갖고 있는가? 주로 어느 정도의 시간을 보내는가? 하나님과 시간을 보내기 위해 실제로 계획을 세우는가 아니면 다른 "중요한 일들" 속에 적당히 끼워 맞추고 있는가? 당신은 그 시간을 의미 있게 보내는가 아니면 산만하거나 습관적으로 보내는가? 하나님과 보내는 시간을 늘리기 위해 줄여야 할 활동들이 있는가? 하나님과의 관계에 필수적인 경건의 시간이 제 자리를 찾기 위해 당신의 일정과 마음과 삶에서 변화되어야 할 것이 무엇인지 15분 동안 하나님께 여쭤보라. 바로 오늘부터 새롭게 시작할 수 있다.

03

주님이 가르쳐 주신 기도

(누가복음 11:1~13)

예수님은 기도의 모범이 되신다.

이 과에서는 주님이 가르쳐 주신 기도를 통해

기도의 요소가 무엇인지 살펴보고,

기도하는 사람의 올바른 태도와

확신을 가지고 기도할 수 있는 근거가

무엇인지 배우게 된다.

도입 | 당신의 기도 생활은 어떠한가? 주로 무엇을 위해 기도하는가?

기도의 내용

1. 제자들은 왜 예수님께 기도를 가르쳐 달라고 했는가? (1절)

2. 예수님이 가르쳐 주신 기도에는 6가지 요소가 있다. 각 요소에 해당하는 구절을 적어보고 그 의미를 생각해 보라. (2~4절)

(1) 기도의 대상(2절상)

(2) 하나님의 이름(2절중)

(3) 하나님의 나라(2절하)

(4) 일상의 필요(3절)

(5) 죄 용서(4절상)

(6) 하나님의 보호(4절하)

기도의 태도

3. '밤에 친구에게 떡을 구하는 예화'를 통해 예수님이 말씀하시고자 하는 것은 무엇인가? (5~10절)

4. 당신은 기도할 때 몇 번 구하다가 중단한 적이 있는가? 그 이유는 무엇인가?

기도의 응답 : Yes, No, Wait

하나님은 우리를 사랑하시고 좋은 것을 주기 원하신다. 따라서 우리가 기도할때 하나님은 가장 좋은 때에 가장 좋은 것으로 응답하신다(Yes). 그렇기 때문에우리는 기도의 응답이 늦어지거나 기도한 대로 이루어지지 않을 때 하나님의 사랑을 의심하거나 낙심되어 기도 생활을 중단해서는 안 된다.

우리가 기도한 대로 응답되지 않는 것은 그 일이 우리에게 유익하지 않기 때문이다(No). 기도의 응답이 늦어지는 것은 하나님의 최고의 때가 아직 이르지 않았기 때문이다(Wait). 우리가 기도한 대로 응답되지 않을지라도 우리는 기도를 통해 믿음의 성숙과 하나님과의 친밀함을 갖게 되며 하나님의 뜻대로 기도하는 것을 배우게 된다. 그러므로 우리는 하나님의 사랑을 믿고 지속적으로 기도하며 모든 응답에 믿음으로 감사해야 한다.

기도의 근거

5. 우리가 포기하지 않고 담대하게 기도할 수 있는 근거는 무엇인가? (11~13절)

6. 예수님은 왜 하나님께서 구하는 자에게 '좋은 것'을 주신다는 표현 대신 '성령'을 주신다고 말씀하셨을까? (13절)

적용 | 예수님이 가르쳐주신 기도에는 6가지 요소가 있다는 것을 배웠다. 각 요소의 의미를 생각하며 자신의 말로 기도문을 작성하고 함께 기도하라.

(1) 기도의 대상 :

(2) 하나님의 이름 :

(3) 하나님의 나라 :

(4) 일상의 필요 :

(5) 죄 용서 :

(6) 하나님의 보호 :

결론 | 우리는 예수님이 가르쳐 주신 기도의 내용을 따라 일상생활 속에서 늘 기도해야 한다. 하나님은 우리 아버지이시므로 우리가 성령을 따라 포기하지 않고 적극적으로 기도할 때 가장 좋은 것으로 응답하신다.

Movements Everywhere!

#3 순모임 준비하기

예비순원에게 예수님을 알아가고 교제하는 방법을 배우기 위해 순모임을 하자고 권하라.

* 만나서 순모임 권하기
  "자주 만나서 교제해야 친구와 우정이 깊어지듯이 예수님과도 시간을 보내야 더 친밀해질 수 있어. 예수님을 알아가고 예수님과 교제하는 방법을 나와 함께 배워보자."

Article

03

당신의 탁월한 무기를 사용하라

팀 다운즈(Tim Downs)

영화 "인디아나 존스와 잃어버린 성궤의 추적자"(Raiders of the Lost Ark)에서 인디아나 존스가 거리를 달려 내려가다 모퉁이에서 아랍 검객을 만나는 장면이 있다. 그는 검을 매우 잘 휘둘렀다. 하지만 존스는 그를 보고 눈을 굴리더니 바로 권총을 빼어 들었다. 탕! 이것이 검객의 최후였다. 원래 대본에는 이 장면 없이 화려한 칼싸움 장면만 있었는데, 인디아나 존스의 역할을 하던 해리슨 포드가 장난으로 총을 뽑아 상대 배우를 쏘는 시늉을 했다고 한다. 이 장면이 마음에 들었던 연출자는 이 장면을 영화에 포함시켰다. 나는 이 장면이 그리스도인의 삶의 한 측면을 드러낸다고 생각한다. 아무리 위협적인 무기라도 그보다 성능이 좋은 무기 앞에서는 맥을 못 쓰게 된다.

성경은 기도가 우리가 사용할 수 있는 강력한 하늘 무기라고 말하며 기도로 할 수 있는 것들에 대해 묘사한다. 기도는 현실을 바꾸고, 병자를 고치며, 자연의 힘을 제어한다. 기도는 죽은 자도 살려낸다. 기도는 우리가 깨어 있게 하며 유혹에 빠지지 않도록 지켜주고 두려움과 좌절을 물리치게 해준다. 무엇보다 기도는 원수의 공격을 막고 활동을 제한시키며, 그에게 사로잡힌 자들을 자유케 한다.

내가 인디아나 존스에 나오는 그 장면을 좋아하는 또 다른 이유는 그 장면이 현실적이기 때문이다. 그 장면은 착한 주인공과 악당이 서로 총을 쏘다가 악당이 총을 떨어뜨리면 착한 사람도 총을 던져 버리고 맨몸으로 결투하는 옛날 카우보이 영화와 다르다. 이런 카우보이 영화는 비현실적이다. 누구든 현실에서는 탁월한 무기가 있다면 그 무기를 사용할 것이다.

그런데 우리는 탁월한 무기를 가지고 있으면서도 그것을 잘 사용하지 않는다. 우리는 우리를 지으신 창조주와 의사소통을 할 수 있는데도 하지 않는다. 우리는 기도하지 않는다. 왜 그럴까? 그 이유는 기도가 힘들고 어렵기 때문이다. 기도가 왜 어려운지 몇 가지 이유를 생각해 보자.

첫째, 기도가 어려운 이유는 기도 자체가 일반적이지 않은 행동이기 때문이다. 한 번은 여러 사람들과 함께 식당에 가서 식사 전에 기도를 했다. 식당 한 가운데 앉아 있었기 때문에 우리는 각자 기도하기로 했고, 각자 고개

를 숙이고 눈을 감고 기도하기 시작했다. 나와 내 친구들은 "하나님, 감사합니다. 아멘"하며 대충 기도하지 않고 잠시 동안 진지하게 식사 기도를 했다. 그런데 그 때 웨이터가 다가오더니 "무슨 일이시죠?"하고 물었다. 그는 우리가 기도하는 내내 "무슨 일이시죠? 왜 그러시죠?"라고 질문하며 식탁 주변을 돌아다녔다.

우리는 기도를 이해하지 못하는 환경에 살고 있다는 사실을 잊어버리곤 한다. 사람들은 기도를 절망할 때 하는 행동이나 진정제로 여길 뿐, 삶의 한 부분으로 여기지는 않는다. 기도하는 것을 이상하게 생각한다.

둘째, 기도는 훈련이기 때문에 힘이 든다. 솔직히 우리는 체질적으로 훈련을 좋아하지 않는다. 가끔 어떤 사람들은 기도할 때마다 천사들이 자신에게 내려온다고 묘사하며 기도를 마치 무아의 경지에서 맛보는 체험인 것처럼 말한다. 그러나 내게 있어 기도는 그렇지 않다. 나는 당신이 기도할 때 특별한 체험을 하지 못했다고 실망해서 기도를 멈추지 않기를 바란다. 기도는 체험이 아니라 훈련이라는 것을 분명히 인지해야 한다. 인생에서 가장 중요한 것들의 대부분은 훈련을 통해서 얻어진다. 지금 대학에 재학 중인가? 그것도 하나의 훈련이다. 지식은 훈련에서 얻어진다. 체력 단련도, 예술이나 음악의 기교도 훈련을 통해서 온다. 기도는 이것들보다 더 훈련이 필요한 영역이다.

셋째, 기도가 힘든 이유는 집중하기 어렵기 때문이다. 기도할 때 집중이 잘 되는가? 나 혼자만 힘든 것은 아니라고 생각한다. 보이지 않고, 형체도 없고, 모양도 없는 존재에게 집중하기가 쉽지 않다는 것을 나도 인정한다. 나도 벽을 보며 얘기하는 것 같은 기분이 들 때가 있다.

넷째, 기도가 어려운 또 다른 이유는 즐길 수 있는 여러 일들과 해야 할 의무들이 더 크게 관심을 끌고 있기 때문이다. 우리는 무언가를 성취하기 위해 너무도 바쁘게 살아간다. 우리는 기도하기 위해 시간을 들이는 것보다

할 일의 목록을 가지고 하나씩 성취해가는 것을 훨씬 더 즐겁게 느낀다.

다섯째, 기도하기 힘든 것은 스스로의 힘으로 더 많은 일을 할 수 있다고 생각하기 때문이다. 영국의 한 유명한 장군은 "전쟁을 할 때마다 느끼는 건데, 하나님은 항상 중무장한 포대 편을 드시더군요"라고 말했다. 사람들은 자신의 노력으로 원하는 결과를 얻을 수 있다고 생각한다. 인생에서 큰 일이 생겼을 때 기도하는 것을 깜빡 잊어버린 적이 있을 것이다. 큰 일이 어려움 없이 지나가고 나면 우리는 생각만큼 기도가 중요하지 않다고 느낀다. 그러면 우리는 무릎을 꿇고 기도하느라 시간을 허비하는 것보다 그냥 우리 손으로 일을 해치우는 것이 낫지 않을까 생각하게 된다.

여섯째, 기도가 어려운 것은 누구나 실패한 경험이 있기 때문이다. 요한복음 8장에 나오는 간음하다 현장에서 잡힌 여자의 이야기를 생각해보자. 그녀는 예수님 앞에 끌려 나왔고 예수님은 그녀를 뒤쫓아 온 사람들에게 "너희 중에 죄 없는 자가 먼저 돌로 치라"(요 8:7)고 말씀하셨다. 그 말씀은 단번에 군중들을 흩어지게 했다. 만약 예수님이 "기도 생활을 탁월하게 하고 있는 사람이 먼저 돌로 이 여자를 치라"고 말씀하셨어도 그 자리에는 한 사람도 남아 있지 않았을 것이다.

모든 그리스도인들은 기도 생활을 잘 하려고 애쓴다. 하지만 완벽하게 기도생활을 하며 다른 사람에게 본이 되고 도전과 격려를 줄 수 있는 사람은 드물다. 다른 그리스도인들에게 "나는 기도하는 게 참 힘들어"라고 말하면 대부분의 경우 "나도 그래"라고 말할 것이다. 우리는 "기도는 힘들지 않아. 이렇게 해봐"라고 말해 줄 수 있는 사람들이 필요하다.

마지막으로, 기도가 어려운 이유는 완벽하게 기도해야 한다는 잘못된 생각 때문이다. 우리는 "기도가 뭐지? 어떻게 시작해야 하지? 그 다음에는 뭘 해야 하지?"라는 질문을 하며 혼란스러워 한다. 기도라는 말만 들어도 좌절감, 낙심 또는 죄책감을 느끼기도 한다. 많은 사람들에게 기도는 어려운 정도가 아니라 아예 불가능한 것으로 다가온다.

작가인 사무엘 콜리지(Samuel Taylor Coleridge)는 "기도는 인간이 낼 수 있는 최고의 에너지를 쏟아야만 가능한 일이다. 기도할 때는 모든 역량을 전적으로 집중해야 한다. 세상에서 많은 지식을 갖고 있는 사람들도 기도를 잘하지 못한다"라고 말한 적이 있다. 당신은 이에 대해 어떻게 생각하는가? 꽤 오랜 시간 기도해본 사람으로서 나는 이 말에 동의가 된다.

대학생이라면 당신은 지성과 재능을 갖추고 있는 엘리트이다. 만약 그런 당신이 세상적 가치관에서 벗어나 세상의 성공이 아닌 영적인 가치를 추구한다면 어떤 일이 일어날까? 그럴 때 당신의 기도생활이 어떻게 달라질지 상상해보라. 대부분의 경우 기도 생활은 끝이 없는 따분한 간구나 자기 위안에 불과하며 졸리기만 한 시간 낭비라고 생각하지만, 이것은 달라질 수 있다. 당신의 기도생활은 완전히 새로워질 것이다.

우리는 예수님이 가르쳐주신 것을 기억해야 한다. 우리의 기도생활을 위해 예수님은 산상수훈에서 세 가지 원리를 가르쳐주셨다(마 6:5~13).

첫째, 은밀히 기도하라(6:5~6).

둘째, 진심으로 기도하되, 인격적이고 정직하게, 경외하는 태도로 기도하라(6:7~8).

셋째, 주님이 가르쳐주신 기도를 본받아 여러 영역에 대해 기도하라(6:9~13).

주님의 가르침에 따라 기도할 때 우리의 기도 생활은 더욱 견고해지고, 우리는 영적인 싸움에서 승리할 수 있는 탁월한 무기를 사용하게 될 것이다. 기도는 우리가 신체적, 영적, 정신적, 정서적 영역에서 하나님의 자원을 사용할 수 있는 유일한 방법이다.

미국 남북 전쟁 당시 군목이었던 에드워드 바움(Edward MacHenry Baumn)은 전쟁 기간 내내 새벽 4시부터 7시까지 기도한 것으로 널리 알려져 있다. 그는 이런 글을 남겼다. "성경은 우리가 기도할 때 하나님께서 일하신다는 것을 보여준다. 우리는 기도를 통해 하나님의 특별한 은혜를 경험하게 되며, 기도가 아닌 다른 방법으로는 이 은혜를 받을 수 없다." 기도하는 것은 분명히 힘들다. 그러나 기도에는 반드시 보상이 따른다.

04

담대하게 진리를 따르라

(누가복음 12:1~12)

그리스도인은 거짓 없는 삶과 담대한 증언으로
그리스도의 주되심을 나타내야 한다.
이 과에서는 예수님이 제자들에게 주시는
가르침을 통해 어떤 상황에서도 담대하게
그리스도를 증거해야 함을 배우게 된다.

도입 | 그리스도인이라는 이유로 비난이나 부당한 대우를 받은 적이 있다면 나눠보라.

외식을 주의하라

1. 예수님은 바리새인들의 누룩 곧 외식을 주의하라고 하신다(1절). 누가복음 11:39~44에서예수님이 말씀하신 바리새인들의 외식은 무엇인가?

* 11:39

* 11:42

* 11:43

* 11:44

2. 사람들이 외식하는 이유는 무엇인가? 예수님은 외식의 결과가 무엇이라고 말씀하시는가? (2~3절)

3. 오늘날의 그리스도인이 주의해야 할 위선에는 어떤 것들이 있는가?

담대히 증거하라

4. 우리가 외식하지 않고 진리를 따를 때 어떤 어려움을 겪을 수 있으며 이때 우리는 무엇을 기억해야 하는가? (4~5절)

5. 예수님은 하나님이 우리의 머리카락까지도 다 세고 계신다고 말씀하신다. 이것은 무슨 의미이며 왜 이런 말씀을 하셨는가? (6~7절)

6. 당신은 사람들 앞에서 예수님을 시인해야 할 때 어떻게 말해야 할지 몰라 염려한 적이 있는가? 이때 당신이 기억해야 할 예수님의 약속은 무엇인가? (8~12절)

적용 | 우리는 말과 행동으로 그리스도를 시인해야 한다. 당신은 삶의 현장에서 그리스도의 구주되심을 어떻게 구체적으로 드러낼 수 있을까?

결론 | 참된 제자는 거짓 없는 삶과 담대한 증언으로 그리스도의 주되심을 나타낸다. 우리는 어려움이 따를지라도 우리를 돌보시고 주관하시는 하나님을 믿고 담대하게 그리스도를 증거해야 한다.

Movements Everywhere!

#4 순모임 시작하기

순모임을 위해 기도로 준비하고 믿음으로 성령의 인도를 받아 순모임을 진행하라.

* 서로 알아가는 시간 갖기
* 교재로 공부하기
* 기도제목 나누고 함께 기도하기

Article

04

예수 혁명 운동

(마가복음 2:21~22)

김준곤 목사

우리는 주님의 지상 명령을 따라서 복음을 땅 끝까지 전하는 전도자이고 증인이며 목자입니다. 또한 주님을 따르는 제자이기도 하고 다른 사람들을 주님의 제자로 기르는 선생이기도 하며 어떤 면에서는 혁명가이기도 합니다. 복음으로 이 세상을 변화시키는 혁명가 중의 혁명가입니다. 복음으로 사람의 마음을 변화시켜 그것을 바탕으로 사회를 근본적으로 변화시키는 혁명가입니다.

혁명은 질적인 변화를 일으키는 것입니다. 양적인 발전을 꾀하는 것이 아니라 질적인 비약(飛躍)을 꾀하는 것입니다. 이것은 죽은 사람이 새로 태어나는 것과 같습니다. 혁명이란 서서히 개혁되고 점진적으로 발전되는 것이 아니라 화산처럼 폭발하고 전염병처럼 번집니다. 그것은 광풍이요 방화요 홍수요 발광이고, 죽이거나 죽을 수밖에 없는 피와 생사의 필연성을 가진 질적 변화 운동입니다. 로켓이 엄청난 에너지를 폭발시켜야 지구 중력권을 벗어날 수 있는 것처럼 거의 죽을 정도로 고생을 하면서 비약적인 발전을 하는 것이 혁명입니다.

우리는 지금 혁명과 격변의 소용돌이 시대에 살고 있습니다. 우리가 살고 있는 국가, 민족, 사회의 모든 영역이 뿌리째 흔들리고, 격변과 도전과 혁명의 위협을 받지 않는 안전 지대는 한 곳도 없습니다. 또한 우리의 사고방식, 종교 문제, 교회 문제, 경제 구조 등 그 어느 것 하나 혁명을 필요로 하지 않는 부분이 없습니다. CCC의 운동에도 혁명적인 것이 매 단계마다 있어야 합니다. 양적으로 발전하는 것도 중요하지만 어떤 때는 혁명적인 행동을 통해 질적인 변화를 일으켜야 합니다.

마가복음 2:21~22의 새 포도주는 새로운 질을 말하는 것입니다. 우리가 하고 있는 복음화 운동은 미지근한 운동이 아닙니다. 소수의 사람들이 모여 지금까지 우리가 살아왔던 삶의 방식을 근본적으로 변화시키려는 것입니다. 그러므로 우리는 핵심 분자 가운데서도 핵심이고 창조적인 소수 가운데서도 가장 창조적인 소수입니다. 우리를 통해서 창조적인 소수가, 창조적인 그룹이 무한히 발생할 수 있습니다. 우리는 그러한 의식을 가져야 합니다. 이것이 이 세대의 복음화 운동을 위해 부름을 받은 사람들의 각오가 되어야 합니다.

이러한 각오를 새롭게 하기 위해 초대 기독교에서 강조했고, 제가 순론에 도입했던 크리스천 혁명가에게 요구되어지는 4대 절대에 대해 이야기하겠습니다. 4대 절대(Four Totals)는 절대 신앙(Total Acceptance), 절대 헌신(Total Commitment), 절대 훈련(Total Discipline), 절대 행동(Total Action)입니다.

큰일을 하려고 하는 사람들, 혁명적인 일을 하려고 하는 사람들에게는 적어도 이 네 가지의 절대가 절대적으로 필요합니다. 이것은 이제까지 살아온 삶의 방식에 대해 근본적인 변화와 충격을 주는 것입니다. 이러한 충격 없이는 자기 발전을 할 수 없습니다. 이것은 비단 기독교에만 국한되는 이야기가 아닙니다. 위대한 일을 하려는 사람들, 역사 속에서 문화, 사회, 생활 구조를 혁명했던 사람들에게는 내면적 자기 죽음과 같은 혁명이 필요했습니다. 그것은 결단이고 죽음에 해당하는 중생이었습니다.

첫째, 절대 신앙이 필요합니다. 절대 신앙이란 신앙의 대상에 대해 미치고 취하고, 그것을 위해 죽을 수 있는 신앙입니다. 우리는 예수님께 초점을 맞춘 절대 신앙이 필요합니다. 태양 광선을 하나의 초점에 맞추면 물도 데울 수 있고 종이를 태울 수도 있습니다. 이렇게 절대화시키는 신앙이 필요합니다. 오늘날 기독교 설교는 너무 방대하고 복잡합니다. 우리는 통일되고도 집약된, 단순하고도 초점화된 그런 신앙을 가져야 합니다. 우리가 하려고 하는 것은 목표가 있는 운동이기 때문에 절대적인 신앙을 가지지 않으면 안됩니다. 기독교의 방대한 조직 신앙을 다 이야기할 수는 없습니다. 그러나 기독교 신앙의 핵심이 무엇인지 알아 그것에 목표를 두고 절대 가치를 두어야 합니다.

인생은 짧습니다. 시간이 없습니다. 엄벙덤벙하다 보면 아무 것도 할 수 없는 때가 옵니다. 그러므로 자기의 인생을 설계할 때 초점을 분명히 맞추어야 합니다. 그리고 그것을 향해 달려가야 합니다. 이것저것에 눈을 돌리다 보면 목표를 달성할 수 없습니다. 그래서 신앙을 절대화시켜야 합니다. 중요한 것이 무엇인지 분명히 알아 그것을 한 메시지로 정리해 늘 이야기하고 강조해야 합니다. 나팔을 크고 강하게 분명히 불어야 합니다. 복음의 깃발을 들고 거리를 행진하며 분명한 구호를 외칠 수 있어야 하겠습니다.

둘째, 절대 헌신이 필요합니다. 인생은 헌신입니다. 목표가 선명하지 않고 헌신이 철저하지 않은 사람은 인생의 모든 일에 임시적입니다. 한 가지 일을 철저히 하지 않는 사람은 모든 일에 철저하지 못합니다. 인생을 철저하게 살지 않으면 그것은 단지 꿈꾸는 것에 불과합니다. 그러한 사람은 쓸모가 없는 사람입니다. 교회에서도 쓸모가 없습니다. 무슨 일을 하려면 배수진(背水陣)을 쳐야 합니다. 옛날 장군들은 전쟁에 출전할 때 반드시 마지막이라고 생각하며 나갔다고 합니다. 얼마나 비장한 각오입니까? 우리에게도 목숨을 내어 놓을 정도의 철저함이 있어야 합니다. 우리가 민족 복음화라는 민족의 지상 과제 앞에 헌신했으면 우리의 목숨을 주님의 복음을 위해서 바칠 각오를 해야 합니다. 교주를 신이라 믿고 모든 것을 바치는 이단들보다도, 이 땅에 공산주의 세계를 실현하려는 공산당원들 보다도 더 철저한 헌신이 있어야 합니다. 무엇을 하든지 헌신 없이는 안 됩니다. 열심과 충성이 없으면 안 됩니다. 전력을 다 쏟지 않으면 안 됩니다. 절대적인 헌신이 필요합니다.

셋째, 절대 훈련이 필요합니다. 훈련에는 전도하는 것이 포함되어 있습니다. 기도하는 것이 포함되어 있습니다. 자기가 도저히 극복할 수 없는 상황을 만났을 때 신앙 안에서 그 벽을 뚫고 나가는 긍정적인 자세를 가질 수 있도록 훈련을 받아야 합니다. 저는 CCC에서 민족을 위한 최고의 훈련을 하고 있다고 생각합니다. CCC에서 철저히 훈련을 받으면 군대에서도 최고의 지휘관이 될 수 있을 것입니다. 무슨 일에든지 성공할 수 있을 것입니다. 그러므로 철저하게 훈련을 받아야 합니다. 아무리 훈련을 받는다 해도 관심과 노력을 기울이지 않으면 아무 소용이 없습니다. 똑같은 훈련을 받았어도 철저히 자기 것으로 만드는 사람이 있고 지나쳐 버리는 사람이 있습니다. 훈련을 잘 받아야 후에 다른 사람을 가르치고 전도할 수 있습니다. 훈련을 잘 받지 않으면 실패하게 될 것입니다.

이렇게 훈련을 받는데 있어서 중요한 것은 훈련을 받고자 하는 태도입니다. 어떤 사람은 남이 가르치려고 하면 그것을 거절합니다. 마음의 문을 닫아 버리고 반항을 합니다. 배우려는 사람은 이런 태도를 버려야 합니다. 자기의 부족한 것을 인정하지 않고 자기의 변화에 대해 개방적이지 않는 사람은 발전을 할 수 없습니다. 우리에게는 발전해야 할 영역이 무한하다는 것을 알아야 합니다. 또한 무한한 가능성이 있다는 것도 알아야 합니다. 배우기만 하면 지금보다 훨씬 훌륭한 교사가 될 수 있고, 훌륭한 전도자도 될 수 있습니다. 무한한 영역과 가능성을 가지고 있는 것입니다. 어떤 사람은 아무리 가르쳐도 그것을 무시하고 자기의 보따리만 가지고 다닙니다. 거지는 죽을 때까지 거지 보따리를 들고 다닙니다. 버리라고 해도 버리지 않습니다. 훈련은 이 거지 보따리를 버리게 하는 것입니다. 자기를 버릴 줄 알고 고칠 줄 알아야 합니다. 무한한 가능성에 대해서 개방적이어야 합니다.

우리는 훈련 받을 마음의 자세를 가져야 합니다. 자기 자신을 위해서 몸도 훈련을 시켜야 합니다. 먹는 버릇, 말하는 버릇, 생각하는 버릇을 고치는 것도 모두 훈련에 속합니다. 우리는 사랑과 은혜 속에서 다른 사람의 본이 되기 위해서 평생 동안 배워야 합니다.

넷째, 절대 행동이 필요합니다. 우리는 행동의 사람이 되어야 합니다. 구경꾼이 되어서는 안 됩니다. 구경꾼은 비판적이지만 담당자는 긍정적입니다. 우리가 비판적이고 방관자적인 태도를 취한다면 우리의 제자들도 비판적인 태도를 가질 것입니다. 그것을 분명히 알아야 합니다. 우리가 예수님의 마음으로 담당자 의식을 가지고 행동하는 사람이 되면 우리의 제자들도 그렇게 될 것입니다.

또한 지도자는 무엇보다도 자신을 희생해야 합니다. 지도자가 되기에 가장 부적절한 사람은 이기주의자입니다. 자기밖에 모르는 사람은 좋은 지도자가 될 수 없습니다. 학생들을 전도하려면 그들과 함께 생활할 수 있어야 합니다. 그들과 많은 시간을 보내야 합니다. 그들의 사정을 속속들이 알아야 합니다. 그들의 기도 제목 속에 들어가 보고, 그들을 자신의 기도에 참여시켜 보기도 해야 합니다. 이렇게 그들과 함께 생활하면서 우리의 사역을 행동으로 보여주어야 합니다. 가르치는 것만이 중요한 것은 아닙니다. 행동으로 본을 보여야 합니다. 지도자는 높은 지성에만 머물러 있으면 안 됩니다. 신앙의 생활화, 행동화, 현실화가 필요합니다. 마음을 같이 하고 고통을 같이 받아야 합니다. 자기의 어려운 상황을 그들도 알게 해야 합니다. 같이 동참하여 행동 속에서 배우고 행동 속에서 가르쳐야 합니다. 이것이 우리에게 가장 필요한 것입니다.

우리는 이 4대 절대를 항상 마음속에 두고 생활해야 합니다. 그렇게 살아갈 때 우리는 민족 복음화의 불씨와 핵이 될 수 있습니다. 우리가 소유한 예수는 혁명의 능력입니다. 우리는 살아계신 예수를 능력으로 삼아 우리 민족을 부활시키는 예수 혁명을 일으켜야 합니다.

김준곤, 『민족의 예수 혁명론』, 김준곤 문설집 1권(서울: 순출판사, 1984), 53~71.

이 글은 김준곤 목사의 설교인 "민족의 예수 혁명론", "민족 복음화의 선언", "예수 혁명 운동"에서 발췌하여 엮은 것이다.

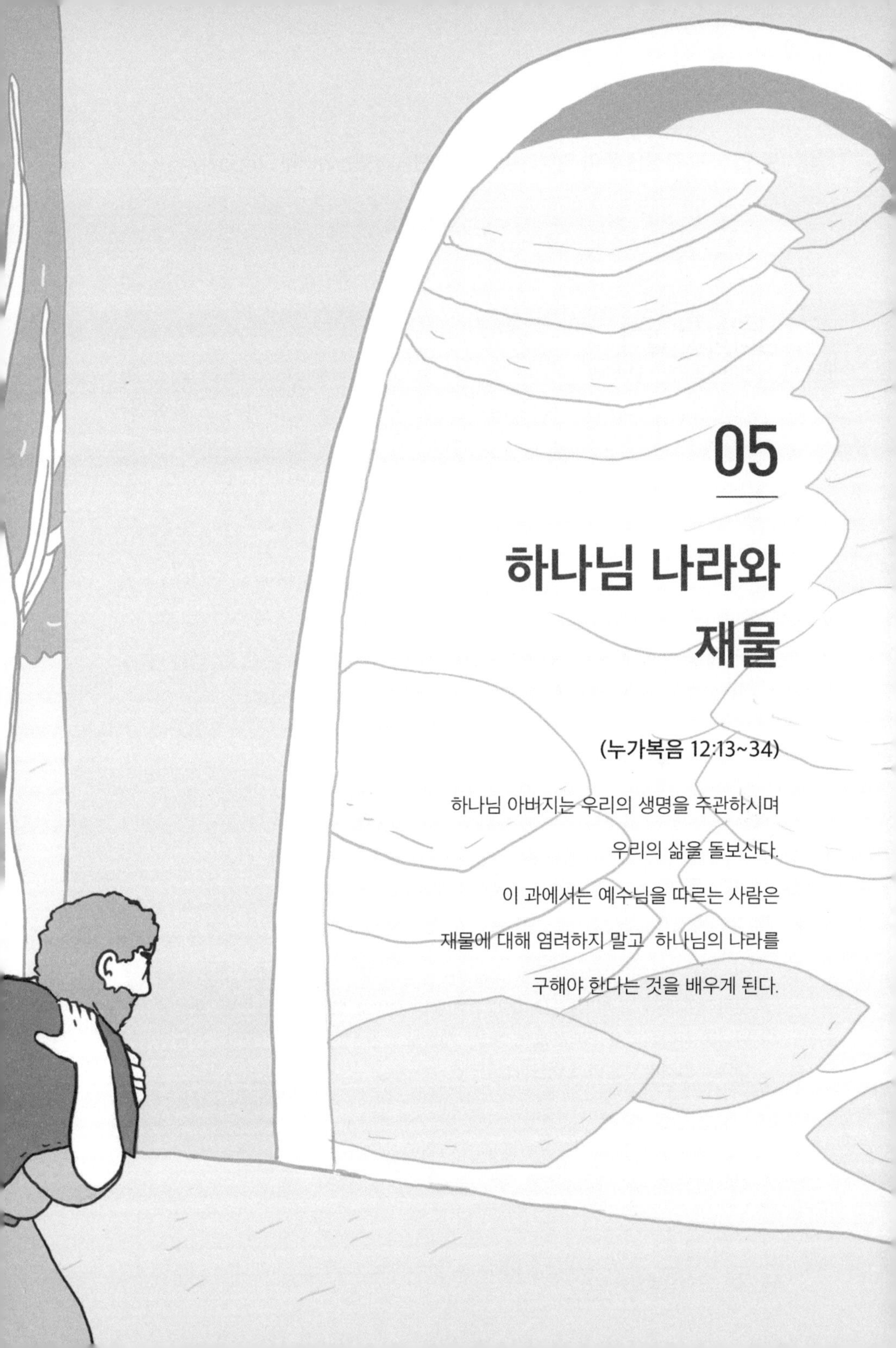

05

하나님 나라와 재물

(누가복음 12:13~34)

하나님 아버지는 우리의 생명을 주관하시며
우리의 삶을 돌보신다.
이 과에서는 예수님을 따르는 사람은
재물에 대해 염려하지 말고 하나님의 나라를
구해야 한다는 것을 배우게 된다.

도입 | 당신은 돈이 얼마만큼 있으면 만족하겠는가? 왜 그러한가?

염려하지 말라

1. 예수님은 어리석은 부자 비유를 통해 탐심을 물리치라고 말씀하신다. 이 부자는 어떤 면에서 어리석은가? (13~21절)

2. 이 세상에서 돈으로 얻을 수 있는 것은 무엇인가? 돈으로 얻을 수 없는 것은 무엇인가?

예수님이 경계하신 탐심과 염려

어리석은 부자의 탐심과 제자들의 염려는 생명의 주권이 하나님께 있음을 알지 못하기 때문에 일어나는 문제들이다. 사람의 생명을 보호해 주는 것은 재물이 아니라 하나님이시기 때문에 예수님은 재물을 쌓기 위해 욕심을 내거나 재물이 없다고 염려하지 말라고 말씀하신다.

3. 예수님은 어리석은 부자 비유에 이어 제자들에게 무엇을 먹을까 무엇을 입을까 염려하지 말라고 말씀하신다. 그 이유는 무엇인가? (22~30절)

4. 하나님은 당신의 필요를 채우시며 돌보신다고 약속하셨다. 당신의 삶에서 하나님의 돌보심을 경험한 것이 있다면 나누어 보라.

하나님 나라를 구하라

5. 29~31절에서 반복되어 나오는 '구하다'는 말은 어떤 의미인가? 세상 백성과 하나님의 백성이 구하는 것은 어떻게 다른가?

6. 하나님의 나라를 구하는 사람은 어떤 관점을 가지고 재물을 사용해야 하는가? (21, 33~34절)

적용 | 예수님은 '너희 보물이 있는 곳에는 너희 마음도 있다'고 말씀하신다(34절). 당신의 재정 사용을 돌아보고 재물을 하늘에 쌓기 위해 조정해야 할 부분이 있는지 살펴보라.

결론 | 재물을 의지하는 어리석은 사람은 자신만을 위해 재물을 쌓아두고 그것에 얽매인다. 그러나 하나님의 자녀는 하나님의 돌보심을 신뢰함으로 먹고 마시는 것에 대해 염려하지 않고 하나님의 나라를 구하며 자신이 가진 것을 나누는 삶을 산다.

Movements Everywhere!

#5 순원에게 다른 그리스도인 소개하기

어떤 사람과 시간을 보내는가는 신앙생활에 중요하다. 순원의 영적 성장에 도움을 줄 수 있는 그리스도인들을 소개하라.

* 함께 식사나 대화할 수 있는 자리 마련하기
* 동아리방에 데려가기
* 순원이 관심 있는 분야(과, 진로, 취미)의 그리스도인 소개하기

Article

05

그리스도인과 재정

스테펀 더글라스(Stephen B. Douglass)

성경에는 재정에 대한 이야기가 많이 나온다. 예수님의 비유의 약 2/3가 돈과 부(富)에 대한 이야기이고, 성경 전체에서는 700회 이상 언급한다. 따라서 우리는 성경에서 재정에 관한 많은 지혜를 얻을 수 있다.

성경은 재물에 대해 긍정적인 면과 부정적인 면을 이야기한다. 재정의 부정적인 면은 신명기 8:12~14에서 말한 대로 하나님을 향한 우리의 마음을 굳어지게 하는 것이다.

> 네가 먹어서 배부르고 아름다운 집을 짓고 거주하게 되며 또 네 소와 양이 번성하며 네 은금이 증식되며 네 소유가 다 풍부하게 될 때에 네 마음이 교만하여 네 하나님 여호와를 잊어버릴까 염려하노라…

또한 돈이 있으면 세상의 온갖 좋은 것들을 즐길 수 있기 때문에 돈은 세상을 향한 애착을 갖게 한다. 요한일서 2:15~17은 이것에 대해 경고한다.

> 이 세상이나 세상에 있는 것들을 사랑치 말라 누구든지 세상을 사랑하면

아버지의 사랑이 그 속에 있지 아니하니 이는 세상에 있는 모든 것이 육신의 정욕과 안목의 정욕과 이생의 자랑이니 다 아버지께로 좇아 온 것이 아니요 세상으로 좇아 온 것이라 이 세상도, 그 정욕도 지나가되 오직 하나님의 뜻을 행하는 이는 영원히 거하느니라

그렇다면 우리는 돈을 아예 사용하지 말아야 할까? 아니다. 오히려 재정 사용에 관한 하나님의 뜻을 잘 이해하고 하나님의 뜻에 맞게 사용해야 한다. 이 글은 재정에 관한 성경적 원리들을 요약한 것이다. 이 글을 통해 당신이 그리스도인의 재정 사용에 대해 더 관심을 갖고 생각할 수 있게 되길 바란다. 우리가 먼저 살펴볼 것은 하나님께 대한 우리의 신뢰와 청지기 의식이다.

하나님을 신뢰하라

마태복음 6:33은 "그런즉 너희는 먼저 그의 나라와 그의 의를 구하라 그리하면 이 모든 것을 너희에게 더하시리라"고 말한다. 하나님은 우리 삶에 필요한 모든 것의 궁극적 원천이시다. 우리는 모든 필요에 대해 하나님을 신뢰해야 한다. 우리가 하나님을 신뢰한다면 하나님은 여러 가지 방법으로 우리의 필요를 채우실 것이다. 우리가 해야 할 것은 먼저 하나님께 의논하고 그분께 맡기는 것이다.

만일 아직 월급일이 되지 않았는데 돈이 다 떨어졌다고 가정해보자. 많은 사람들은 깊게 생각하지 않고 돈을 빌리거나 신용카드를 이용한다. 이때 우리가 하던 일을 잠시 멈추고 먼저 기도하며 하나님과 이 상황을 의논할 수 있다면 얼마나 좋을까! 하나님은 현재의 수입으로 더 잘 살도록 우리의 소비 습관을 바꾸실 수도 있고, 우리가 상상하지 못한 특별한 선물을 보내실 수도 있으며, 우리의 수입을 보충할 수 있는 길로 인도하실 수도 있다. 우리가 필요를 채우시는 하나님을 신뢰하고 의지한다면 우리는 하나님의 돌보심을 생생하게 경험할 것이다.

하나님의 소유권과 청지기직

우리가 가진 모든 것은 하나님께서 주신 것이므로 진정한 소유주는 우리가 아니라 하나님이시다. 우리는 이 세상에 가지고 온 것도 없고 세상에서 가지고 갈 수 있는 것도 없다. 우리는 세상에 사는 동안 하나님이 은혜로 주신 것들을 관리하는 청지기일 뿐이다. 그러므로 그분이 주신 것을 그분의 영광을 위해 잘 사용해야 한다. 이러한 청지기적 관점은 매우 중요하다. 만일 어떤 것을 우리의 소유라고 생각한다면 그것을 잃어버렸을 때 크게 슬퍼할 것이다. 그러나 만일 우리가 스스로를 청지기로 본다면 하나님이 맡기신 것을 최선으로 관리할 것이고, 잃어버린 것은 하나님께서 우리가 관리하던 것을 다른 사람에게 넘겨주셨다는 것으로 이해할 것이다. 소유권이 하나님께 있고 우리에게 있지 않다는 사실을 분명하게 안다면, 우리는 재정에 대한 집착과 염려로부터 훨씬 자유로워 질 수 있다.

재정 사용의 우선순위

이제 하나님께서 우리에게 주신 재정을 어떻게 우선순위에 따라 사용해야 하는지 살펴보자. 성경은 다른 것들보다 네 가지 영역에 지출의 우선순위를 두어야 한다고 말한다.

(1) 주님의 사역에 대한 우선순위

그리스도인으로서 우리 삶의 목적이 하나님을 영화롭게 하는 것이라면, 그분의 사역에 재정을 드리는 것이 지출의 우선순위가 되어야 한다. 아브라함은 전쟁에서 승리한 후, 전리품의 1/10을 하나님의 제사장인 멜기세덱에게 드렸다(창 14:17~20). 이러한 십일조의 개념은 성경 전체에 나타난다.

레위기 27:30은 "그 땅의 십분의 일 곧 그 땅의 곡식이나 나무의 열매는 그 십분의 일은 여호와의 것이니 여호와의 성물이라"고 말한다. 수입의 1/10을 하나님께 드리는 것은 수입에 대한 하나님의 소유권과 수입을 주신 그분의 은혜를 인정하는 것이다. 재정 계획을 세울 때 먼저 주님을 위해 수입의 1/10을 구별해야 한다.

(2) 가족에 대한 우선순위

바울은 "누구든지 자기 친족 특히 자기 가족을 돌보지 아니하면 믿음을 배반한 자요 불신자보다 더 악한 자니라"고 말한다(딤전 5:8). 하나님은 우리의 필요를 채워주시겠다고 약속하셨다. 만일 당신이 가족의 필요를 공급해야 하는 사람이라면, 하나님은 당신을 통해서 가족들의 필요를 채우실 것이다. 필요는 의식주와 교통비와 같이 생활에 필요한 기본적인 것들을 말한다. 영양 공급을 위해 적절한 양식은 필요하지만 매일 저녁 고기 요리를 먹어야 하는 것은 아니다. 식사를 위한 밥상은 필요하지만 TV는 꼭 필요한 것이 아닐 수 있다. 바울은 다음과 같이 말한다. "나의 하나님이 그리스도 예수 안에서 영광 가운데 그 풍성한 대로 너희 모든 쓸 것을 채우시리라"(빌 4:19).

(3) 국가에 대한 우선순위

우리는 국가에 대한 납세를 재정 지출의 우선순위에 두어야 한다. 로마서 13:6~7은 "너희가 조세를 바치는 것도 이로 말미암음이라 그들이 하나님의 일꾼이 되어 바로 이 일에 항상 힘쓰느니라 모든 자에게 줄 것을 주되 조세를 받을 자에게 조세를 바치고 관세를 받을 자에게 관세를 바치고 ..."라고 말한다. 디도서 3:1도 그리스도인은 하나님께서 그들 위에 세우신 권세나 통치자에게 복종해야 한다고 말한다.

(4) 빚에 대한 우선순위

성경은 명확하게 빚을 갚는 것도 우선순위에 둔다. 잠언 22:7은 "부자는 가난한 자를 주관하고 빚진 자는 채주의 종이 되느니라"고 말하며 채무자는 채권자의 노예가 된다고 지적한다. 빚을 지게 되면 염려할 수밖에 없다. 당신이 빚을 져 본적이 있다면 빚에 대한 청구서를 볼 때마다 얼마나 염려되고 불안한지 알 것이다.

디모데후서 2:4에서 바울은 군인이 일상생활에 얽매일 때 군복무를 바르게 수행할 수 없다고 말한다. 우리는 하나님의 영적인 군사들이다. 우리는 하나님의 말씀을 원활하게 수행하는 것에 방해가 되는 세상의 일들에 얽매이지 않아야 한다. 빚을 지는 것이 항상 나쁘다는 것은 아니다. 위급한 경우나 현실적인 거주 문제를 위해 빚을 질수도 있다.

하나님은 우리에게 필요한 것을 채워주시겠다고 약속하셨지 우리의 욕심을 채워주시겠다고 약속하지는 않으셨다. 만약 우리가 필요하지 않은 것을 위해 수입을 넘어 빚을 지게 된다면, 우리는 이 빚을 갚기 위해 언젠가 우리의 필요를 포기해야 할지도 모른다.

여분의 재정 사용하기

위의 네 가지 영역에 우선적으로 재정을 배분한 후에 돈이 남을 수 있다. 많은 사람들이 돈이 늘 부족하다고 생각하는 이유는 그들의 필요를 너무 높게 정했거나, 현재 빚을 지고 있기 때문일 것이다. 어쨌든 우리에게 여분의 돈이 있을 때 그 돈을 어떻게 써야 할지 결정해야 한다. 성경은 주님의 사역에 드리는 것, 다른 사람의 필요를 돕는 것, 미래의 필요를 위해 저축하는 것, 자신이 원하는 것에 소비하는 것에 대해 말한다.

(1) 주님의 사역에 드리는 것

십일조를 드린 후에도 주님의 일에 어떤 필요를 보고 물질을 더 드릴 수 있다는 것은 복되고 즐거운 일이다. 고린도전서 9:6~14은 사역자들을 물질적으로 돕는 일의 중요성에 대해 말한다. 누가복음 8:2~3에서는 귀신 들리고 병든 것에서 나음을 입은 여인들이 예수님과 그의 제자들을 돕는 일에 헌신했음을 볼 수 있다.

(2) 다른 사람들의 필요를 돕는 것

고린도후서 8:12~15은 하나님께서 그의 백성들의 필요를 어떻게 채우시는지 보여준다.

> 할 마음만 있으면 있는 대로 받으실 터이요 없는 것은 받지 아니하시리라 이는 다른 사람들은 평안하게 하고 너희는 곤고하게 하려는 것이 아니요 균등하게 하려 함이니 이제 너희의 넉넉한 것으로 그들의 부족한 것을 보충함은 후에 그들의 넉넉한 것으로 너희의 부족한 것을 보충하여 균등하게 하려 함이라 기록된 것 같이 많이 거둔 자도 남지 아니하였고 적게 거둔 자도 모자라지 아니하였느니라

부족한 사람을 채우기 위한 하나님의 계획은 많이 거둔 사람이 그들의 남는 것을 적게 거둔 사람에게 나눠주는 것이다. 초대 교회에서 이런 일은 일반적으로 행해졌던 일이다. 사도행전은 초대 교회 안의 모든 궁핍한 사람들의 필요가 채워졌다고 말한다(행 4:34). 토지나 집을 소유한 사람들은 그것을 팔아 가난한 형제, 자매들에게 나누어 주었다. 요한일서 3:17은 우리가 나누지 않는다면 하나님의 사랑이 우리 안에 있지 않다고 말한다. 잠언 28:27은 다른 사람들의 필요에 대해 손을 펴 베푸는 자와 인색한 자의 결과에 대해 말한다. "가난한 자를 구제하는 자는 궁핍하지 아니하려니와 못 본 체하는 자에게는 저주가 크리라"

(3) 미래의 필요를 위해 저축하는 것

잠언 21:20의 "지혜 있는 자의 집에는 귀한 보배와 기름이 있으나 미련한 자는 이것을 다 삼켜 버리느니라"는 말씀을 묵상해보라. 시편 112:3은 "부와 재물이 그의 집에 있음이여 그의 공의가 영구히 서 있으리로다"라고 말한다. 하나님의 계획에는 하나님의 백성들이 미래의 필요를 준비하기 위해 수입의 일부분을 저축하는 것이 들어있다. 저축한 돈은 대학 교육, 자녀 양육, 질병, 실직과 같은 어려운 때에 사용할 수 있다. 간과해 버릴 수 있는 미래의 필요에 대해서도 돈을 적절히 저축함으로 효과적이고 균형 있게 재정을 사용할 수 있다.

(4) 자신이 원하는 것에 소비하는 것

하나님은 우리가 좋은 것을 누리기를 원하신다. 전도서 5:19~20은 "어떤 사람에게든지 하나님이 재물과 부요를 그에게 주사 능히 누리게 하시며 제 몫을 받아 수고함으로 즐거워하게 하신 것은 하나님의 선물이라 그는 자기의 생명의 날을 깊이 생각하지 아니하리니 이는 하나님이 그의 마음에 기뻐하는 것으로 응답하심이니라"고 말한다. 또한 빌립보서 4:12은 "나는 비천에 처할 줄도 알고 풍부에 처할 줄도 알아 모든 일 곧 배부름과 배고픔과 풍부와 궁핍에도 처할 줄 아는 일체의 비결을 배웠노라"고 말한다.

물질은 사람들의 삶을 보다 윤택하게 한다. 물질을 가지고 누리는 것이 잘못된 것은 아니다. 그러나 바울의 고백처럼 물질이 많든지 적든지 주어진 물질에 자족하는 마음을 갖는다면 물질을 진정으로 즐길 수 있다. 물질이 풍족할 때에 하나님을 저버리거나 부족할 때에 하나님을 원망하고 낙담하지 말아야 한다. 그리스도인의 행복의 근원은 물질이 아니라 하나님이다. 오늘날 많은 사람들은 자신의 욕망을 채우는 것에만 자신의 재정을 사용함으로 풍족함을 누리는 것이 아니라 오히려 고통 받는 것을 종종 보게 된다.

규모 있는 소비생활을 위한 팁

지금까지 돈을 어느 곳에 써야 하는가를 살펴보았다. 이제는 어떻게 소비생활을 규모 있고 효과적으로 할 것인가를 알아보자.

첫째, 당신의 재정 관리에 가장 유용한 방법은 예산을 세우는 것이다. 나와 아내가 결혼 생활에서 가장 먼저 한 일은 예산을 짜는 일이었다. 하나님이 우리에게 주신 재정을 어떻게 사용할 것인가를 결정할 때 예산을 짜는 것은 큰 도움이 된다. 또한 무엇보다도 정해 놓은 예산에 따라서만 물품을 구매하겠다고 작정하는 것이 중요하다. 예를 들어, 의복비로 한 달에 몇 만 원의 재정을 예산으로 세웠다면 그 예산을 지켜야 한다. 만약 의복비가 초과되어야 한다면 다음 달까지 기다리거나 다른 지출 부분에서 비용을 줄여야 한다.

둘째, 필요와 욕구를 끊임없이 구별하는 것이 중요하다. 우리는 때로 필요한 것과 원하는 것을 구별하지 못한다. 어떻게 하면 하나님께 영광을 돌릴 수 있을지를 항상 생각하라. 소비하기 전에 정말로 필요한 것인지 아니면 있으면 좋은 것인지를 생각해보고 기도하는 마음으로 소비하는 습관을 가지라.

셋째, 충동적인 구매를 피하라. 나는 어떤 물건이 반드시 필요하다고 생각되지 않으면, 쇼핑하면서 충동적으로 물건을 사지 않겠다는 규칙을 세웠다. 이런 습관으로 나는 충동적인 구매를 피하고 있다. 충동적인 구매는 예산을 망가뜨릴 수 있다. 충동적인 구매를 하도록 유혹하는 광고와 전시로부터 영향을 받지 않도록 하나님께 기도하라. 판매원과 상의할 것이 아니라 하나님과 상의하여 당신의 필요를 결정하라.

넷째, 우리 가정에서는 나와 아내가 예산의 서로 다른 부분을 관리하고 이에 따라 매달 재정을 분배한다. 예를 들면, 아내는 식비, 선물비 그리고 생활비를 관리하고 나는 집세, 자동차 비용, 보험비 등을 책임진다.

다섯째, 만일 당신의 수입이 일시적, 또는 지속적으로 줄게 되면 빚을 지지 말고 지출의 수준을 낮추라. 바울은 가난에 처하든지 부요에 처하든지 자족함으로 생활할 수 있다고 했다(빌 4:12~13). 바울은 쉽게 대처할 수 있는 빚에 의지하지 않고 그를 강하게 하시는 그리스도를 의지했다.

여섯째, 지출을 할 때 서두르지 말라. 만일 마음이 편안하지 않다면 사지 말라. 오히려 주님이 당신을 인도하시도록 잠잠히 그를 기다리라(시 37:7). 지출이 필요할 때는 저렴한 가격으로 좋은 물건을 살 수 있는 장소를 먼저 찾으라. 시간을 조금만 투자하면 당신이 가진 돈으로 가장 값진 것을 발견하게 될 것이다. 내 아내는 비교적 비싸지 않으면서 좋은 물건을 파는 장소를 찾아냈다. 좋은 장소를 발견하면 다음에는 시간도 줄일 수 있다. 이런 방법은 돈과 시간을 동시에 절약해 준다.

일곱째, 할인판매 시기를 이용하라. 미리 필요 사항을 적어놓고 할인 시기를 맞춘다면 필요한 물품을 적은 비용으로 살 수 있다.

여덟째, 중요한 물품을 구입할 때는 가격이 저렴할 뿐 아니라 제품의 질도 확인해 줄 수 있는 소비자 자료 등을 참고하는 것이 좋다.

아홉째, 쓰던 물건을 버리고 새것을 사는 것보다 수선해서 쓰는 것을 권한다. 일상생활에서 사용하는 소모품 외의 대부분의 물건들은 쉽게 고칠 수 있다. 보수하는 데 많은 돈이 들지 않고 작동시키는 데 불편하지 않다면 재사용하는 것이 비용을 절약하는 길이다.

열째, 편리함 때문에 신용 카드를 사용하는 것이라면 괜찮다. 그러나 지금 지불할 돈이 없어 나중에 지불하려고 신용 카드를 사용한다면 사용하지 않기를 권한다. 신용카드는 당신의 재정계획을 쉽게 망가뜨릴 수 있기 때문이다. 체크카드를 사용하면 빚을 지지 않고도 편리함을 누릴 수 있다.

많은 사람들이 돈을 어떻게 사용해야 하는가에 대해 매일 고심한다. 우리는 그리스도인으로서 재정 사용에 있어서 세상의 방법이 아닌 하나님의 방법을 따르고자 적극적으로 노력해야 한다. 그리스도인의 삶에서 재정은 하나님을 신뢰하고 하나님께 순종할 수 있는 좋은 기회를 제공한다.

스테펀 더글라스, 『그리스도의 자기관리』 제16장 삶의 재정적 영역

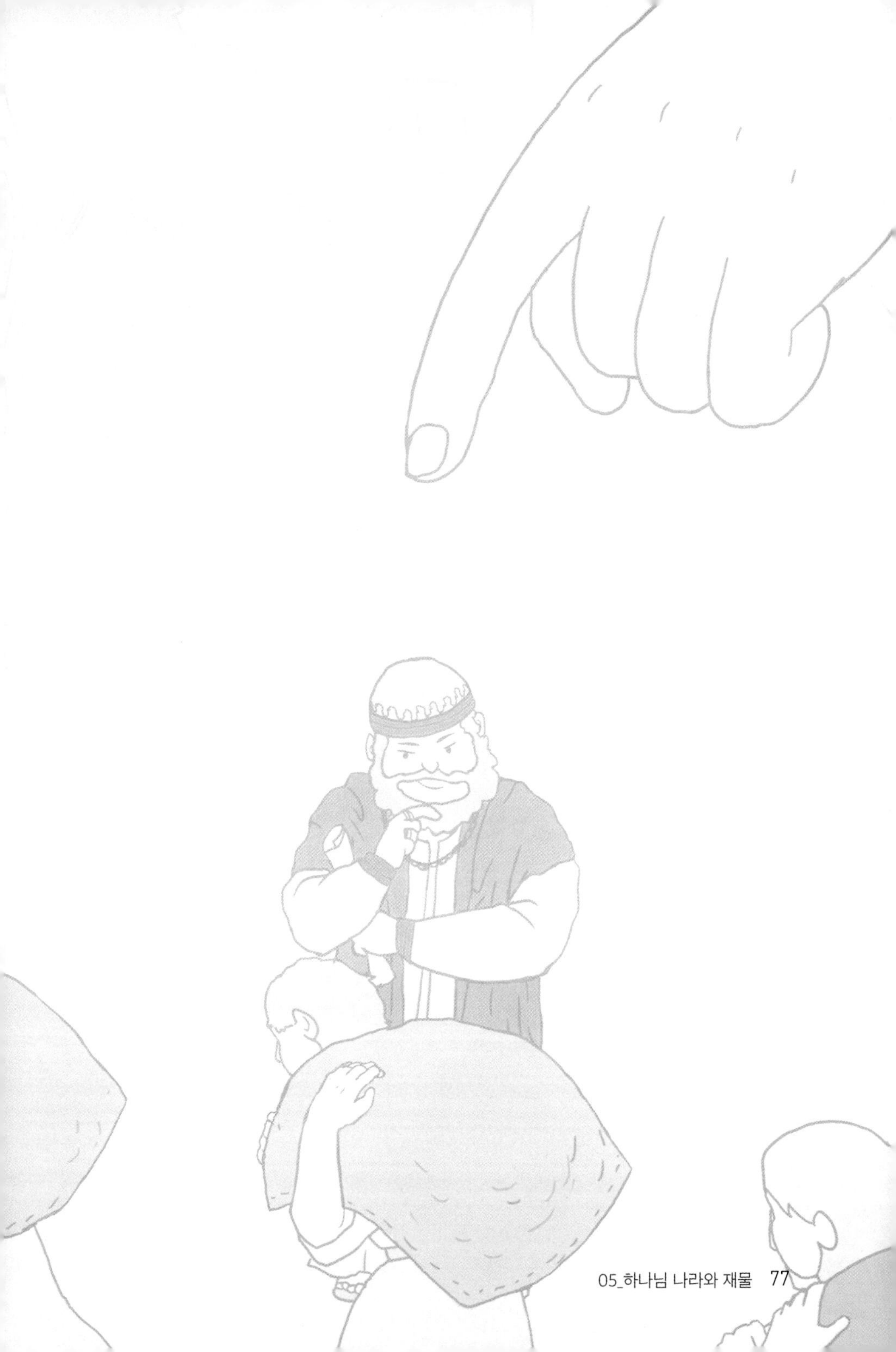

06

잃어버린 자를 향한 하나님의 마음

(누가복음 15:1~32)

예수님은 잃어버린 자를 찾아
구원하기 위해 이 땅에 오셨다.
이 과에서는 세 가지 비유를 통해
잃어버린 자를 향한 하나님의 마음을
살펴보고 우리도 하나님의 마음으로
그들을 찾아야 한다는 것을 배우게 된다.

도입 | 소중한 물건을 잃어버렸을 때 당신은 어떤 기분이 들었는가? 그것을 다시 찾았을 때는 기분이 어땠는가?

잃어버린 자들에 대한 하나님의 마음

1. 바리새인과 서기관들이 예수님에 대해 수군거리며 비난한 이유는 무엇인가? (1~2절)

세리와 죄인들

바리새인들은 부정한 사람과 접촉한 자도 부정해진다고 믿었다. 그들은 특별히 '세리와 죄인들'을 하나님의 구원을 받을 수 없는 부정한 자라고 여겼기 때문에 함께 식사하는 것을 금기시했다. 복음서에서 '세리와 죄인들'은 율법을 지키지 않아서 당시 백성들에게 멸시를 받던 사람들을 가리키는 관용구로 쓰였다.

* 세리: 세금을 걷어 로마정부에 바치는 사람들로 로마의 권력을 힘입어 백성들을 착취했다.
* 죄인: 사회, 윤리적으로 악한 사람들을 가리키는 용어지만 당시 종교 지도자들은 율법과 전통을 따르지 않는 자들을 비난하는 표현으로 사용했다.

2. 잃은 양, 잃은 드라크마, 잃은 아들 비유의 공통점과 차이점은 무엇인가?

(1) 공통점

(2) 차이점

3. 세 번째 비유에서 둘째 아들은 어떤 마음으로 아버지를 떠나고 돌아왔을지 생각해보라. 둘째 아들과 하나님을 떠난 사람은 어떤 면에서 비슷한가? (11~19, 30절)

4. 아버지는 자신을 떠난 둘째 아들을 어떻게 맞이했는가? 이 비유에서 잃어버린 자를 향한 하나님 아버지의 마음에 대해 알 수 있는 것은 무엇인가? (20~24절)

잃어버린 자들에 대한 우리의 태도

5. 첫째 아들은 아버지가 동생을 위해 잔치를 베풀었다는 소식을 듣고 화를 냈다. 그 이유는 무엇일까? (29~30절)

큰 아들의 모습은 죄인들을 용납하신 예수님을 못마땅하게 여긴 바리새인들의 모습을 대표한다. 바리새인들은 자기 의에 치우쳐 하나님의 은혜와 사랑을 깨닫지 못한 채 죄인들을 정죄했다. 그러나 예수님이 오신 것은 잃어버린 자들을 찾아 구원하시기 위함이다(눅 19:10).

6. 당신은 잃어버린 자들에 대해 어떤 마음을 가지고 있는가? 먼저 그리스도인이 된 당신은 어떻게 '아버지가 베푼 잔치'에 기쁨으로 동참할 수 있겠는가?

적용 | 당신이 알고 있는 사람들 중에 아직 그리스도를 만나지 못한 사람들의 이름을 적어보라. 그들을 위해 무엇을 할 수 있겠는가?

결론 | 예수님은 잃어버린 자를 찾아 구원하기 위해 이 땅에 오셨다. 하나님은 지금도 잃어버린 자를 찾고 계신다. 은혜로 하나님의 자녀가 된 우리는 잃어버린 자를 찾는 주님의 열심과 기쁨에 동참해야 한다.

Movements Everywhere!

#6 모임/수련회에 초대하기

공동체 모임을 통해 다양한 만남, 깊이 있는 교육, 큰 비전을 경험할 수 있다. 공동체 안의 다양한 모임을 소개하고 초대하라.

* 채플, 예비순장모임, 세미나 등 캠퍼스 모임에 초대하기
* 수련회 참석 권면하기

Article

06

물고기를 잡지 않는 어부들

존 M. 드레셔(John M. Drescher)

자신들을 어부라고 주장하던 사람들이 있었다. 그들은 넓은 바다를 끼고 있는 항구 도시에 살고 있었으며, 그 바다에는 물고기들이 가득했다.

그 사람들은 정기적으로 모여 어부로서의 사명과 풍부한 물고기 자원과 물고기 잡는 법에 대해 이야기를 나누었다. 해마다 그들은 '고기잡이'의 의미를 자세하게 정의하고 고기잡이라는 직업을 변호하며 고기잡이가 어부들의 가장 주된 과업이 되어야 한다고 주장했다.

그들은 고기를 더 잘 잡기 위한 새로운 방법과 고기잡이에 대한 더 좋은 정의를 위해 지속적으로 연구했다. 그들은 "무언가를 태워야 불인 것처럼 고기를 잡아야 어부다"라고 말하며 "고기잡이는 어부들의 과업이다", "어부는 고기잡이를 하는 사람이다"와 같은 구호를 좋아했다. 또한 '어부들의 캠페인', '고기잡이를 위한 어민의 달'과 같은 특별 행사들을 후원했다. 나아가 그들은 고기잡이에 대해 의논하고 장비나 미끼의 발견과 같은 새로운 방법을 통해 고기잡이를 증진시키기 위해 큰 국가적, 국제적인 대회를 지원했다. 그들은 “어업 본부”라고 부르는 크고 멋있는 건물도 지었다. 그들의 소원은 모든 사람이 어부가 되고 모든 어부가 고기를 잡는 것이었다. 그러나 그들은 중요한 한 가지를 하지 않았는데, 그것은 정작 고기를 잡지 않았다는 것이다. 그들은 정기적인 집회 외에도 고기가 많은 곳에 어부들을 파송하기 위한 이사회도 구성했다. 이사회는 고기잡이에 대해 말하고 그 의미를 정의하며 다양한 색깔의 물고기들이 살고 있는 먼 강이나 바다에서까지 고기잡이를 활성화시키는 일에 원대한 비전과 용기를 가진 사람들로 구성되었다.

이사회는 간사들을 채용하고 위원회를 구성하여 고기잡이를 정의하고 변호하며 새로운 흐름에 대한 생각을 듣기 위해 많은 회의를 소집했다. 그러나 간사들이나 위원회 위원들은 고기를 잡지 않았다. 그들은 어부들에게 고기 잡는 법을 가르쳐야 한다는 중요한 목적을 가지고 크고 세련된 훈련센터들을 지었다. 해가 거듭되면서 물고기들의 필요와 특성, 물고기들을 발견할 수 있는 장소, 물고기들의 심리적 반응, 물고기들에게 접근하고 먹이를 주는 방법들에 대한 교과 과정들이 생겨났다. 가르치는 교사들은 고기잡이학의 박사학위를 가지고 있었다. 그러나 교사들도 물고기를 잡지 않았다. 그들은 고기 잡는 것을 가르치기만 했다. 해마다 지루한 훈련이 끝난 후에 많은 사람들이 졸업하고 고기잡이 자격증을 취득했다. 그들은 전임으로 고기를 잡기 위해 파송되었고 그중 어떤 이들은 고기가 많은 먼 바다로 가기도 했다.

어떤 사람들은 고기잡이의 역사를 배우고 수세기 전 고기잡이의 창시자들이 많은 고기를 잡았던 먼 지역들을 둘러보기 위해 많은 시간을 쏟았다. 그들은 자신들에게 고기잡이라는 개념을 전수해준 과거의 충성스런 어부들을 찬양했다.

모든 사람을 어민으로
모든 어민은 고기잡이를
최고어민가게
특별강연
'어부의 삶'
물고기를 찾아서

어부들은 고기잡이 지침서를 펴내기 위해 큰 출판사도 세웠다. 출판사는 고기잡이 방법과 장비, 그리고 고기잡이 모임을 운영하는 데 필요한 자료들을 만들어내느라 밤낮없이 바쁘게 일했다. 고기잡이라는 주제로 강연할 특별 강사 섭외를 위해 강사위원회도 만들어졌다.

또한 이런 활동들을 통해 많은 사람들이 어부의 삶에 소명을 받아 헌신했다. 그들은 고기잡이를 위해 임명받고 파송되어졌다. 그러나 파송된 사람들도 본부에 있는 어부들처럼 고기를 잡지 않고 온갖 잡다한 일에 관여했다. 그들은 물고기들에게 물을 대기 위해 발전소를 지었고, 새 수로를 만들기 위해 트랙터를 구입했다. 그들은 온갖 장비를 개발하여 이곳저곳을 돌아다니며 물고기 부화장을 살펴보았다. 어떤 사람들은 자신들도 고기잡이에 함께 하고 싶지만 자신들은 고기 잡는 장비를 공급하는 일에 부르심을 받은 것 같다고 말하기도 했다. 어떤 사람들은 물고기들이 어부들을 부정적으로 인식하지 않도록 물고기들과 좋은 친분을 맺는 것이 자신들의 임무라고 생각했다. 또 어떤 사람들은 물고기들에게 자신들이 선한 이웃이며, 사랑이 많고 친절한 사람들이라는 것을 알리는 것으로 충분하다고 생각했다.

어느 날, '고기잡이의 필요성'이라는 주제의 감동적인 모임이 끝난 후 한 젊은이가 고기를 잡으러 갔다. 다음 날 그는 엄청난 물고기 두 마리를 잡았다고 보고했다. 그는 뛰어난 어획으로 큰 명예를 얻었고 어떻게 물고기를 잡았는지를 말하기 위해 모든 대규모 모임에 초청을 받았다. 결국 그는 다른 어부들에게 자신의 경험을 나누기 위해 고기잡이를 포기했다. 그는 중요한 경력을 지닌 자로로서 어부협회 사무총장에 임명되었다.

사실, 그들은 희생하며 모든 종류의 어려움을 참아냈다. 어떤 사람들은 물 가까이 살면서 매일 죽은 물고기의 냄새를 견뎠다. 사람들로부터 스스로 어부라고 주장하면서 정작 고기는 잡지 않는다는 조롱도 받았다. 그들은 매주 고기잡이 모임에 참여하지 않는 사람들을 이해하지 못할 만큼 고기잡이에 대해 열심이었다. 그런데도 그들에게 "나를 따라오라 내가 너희를 사람을 낚는 어부가 되게 하리라"(마 4:19)고 말씀하신 주님을 따르지 않았다고 말할 수 있는가?

그들에게 '아무리 자신들이 어부라고 주장해도 고기를 잡지 않는 사람들은 진정한 어부가 아니다'라고 한다면 그들은 매우 상심할 것이다. 그러나 이 말은 옳은 말이다. 여러 해가 지나도록 고기를 한 마리도 않는 사람이 어찌 어부겠는가? 고기를 잡지 않는 사람이 과연 주님을 따르는 사람이겠는가?

국제 CCC God Squad(www.godsquad.com). ©2001에서 발췌

데살로니가전서 개관

배경 | 데살로니가전서는 바울이 2차 전도여행 중 고린도에서 기록한 것으로 보인다. 기록연대는 고린도에 갈리오 총독이 재임했을 때인 A.D. 51년경이다(행 18:12). 데살로니가는 당시 로마와 소아시아를 연결해 주는 군사도로인 '비아 에그나티아'(Via Egnatia)가 지나가는 항구도시로 무역의 중심지였고 마게도냐 지역의 수도였다. 데살로니가는 B.C. 42년 로마 내전 때 자유도시가 되어 자치권을 갖게 되었다. 이 자치 권한을 행사하는 약 5~7명의 행정관들(사도행전 17:6의 "읍장")은 자신들의 권한을 유지하기 위해 로마 제국에 충성했다. 따라서 데살로니가의 유대인들이 바울을 시기해서 그가 '황제를 거역하고 예수라는 다른 왕을 섬긴다'고 고발했을 때 행정관들은 크게 소동하며 신자들을 잡아들였다(행 17:5~9).

기록 목적 | 바울은 실라, 디모데와 함께 2차 전도여행을 하는 중에 환상을 보고 아시아에서 유럽으로 건너가 마게도냐 지역의 중심도시인 빌립보에서 사역을 했다(행 16:6~40). 그 후 데살로니가에 이르러 유대인 회당에서 안식일에 약 3주 동안 말씀을 전하자 교회가 시작되었다. 그러나 유대인들의 극심한 핍박으로 바울 일행은 급하게 데살로니가를 떠나야 했다. 데살로니가를 떠나 베뢰아를 거쳐 아덴으로 간 바울은 환난 중에 있는 데살로니가 교회가 걱정되

었다(행 17:1~16). 그들은 이제 막 믿음을 갖기 시작했으며 바울의 가르침도 충분히 받지 못한 상황이었다. 이에 바울은 환난 중에 있는 그들의 신앙을 굳게 하고자 디모데를 대신 보냈다(살전 3:1~5). 그 후 바울이 고린도에 있을 때 디모데와 실라는 데살로니가 교회가 환난 중에도 믿음을 굳게 붙들고 있다는 소식을 가지고 왔다(살전 3:6; 행 18:5).

이 소식을 들은 바울은 매우 기뻐하며 편지를 써서 그들의 믿음을 격려하고(살전 1:2~10; 2:13~16; 3:6~13), 재림과 종말에 대한 가르침(살전 4:13~18; 5:1~11)을 주어서 그들이 바른 신앙생활을할 수 있도록 도왔다(살전 4:1~12; 5:12~33). 또한 자신이 환난을 피해 떠난 것에 대해 성도들이 오해할 것이 염려되어 바울은 그들을 향한 자신의 사랑이 진실함을 상기시키고자 했다(살전 2:1~12).

핵심 주제

바울은 데살로니가전서에서 다음과 같은 주제들을 다루고 있다.
첫째, 그리스도를 본받는 삶을 살아야 한다(1:2~10). 바울은 그리스도를 본받았고, 데살로니가 교회는 그리스도와 바울을 본받았다. 데살로니가 교회 성도들은 믿음으로 행동하고 사랑으로 수고하며 소망으로 인내하여 다른 믿는 자들에게 본이 되었다(1:3).
둘째, 거룩한 삶을 살아야 한다(5:23). 성도로 부름 받은 자는 이전의 세상적인 삶을 버리고 그리스도를 본받아 거룩한 삶을 살아야 한다(4:3~8).
셋째, 그리스도의 재림과 죽은 자의 부활에 대한 확신을 가져야 한다. 성도는 그리스도께서 영광스러운 심판주로 재림하실 것을 확신하고 항상 깨어 있어야 한다. 또한 부활에 대한 소망으로 고난을 이겨내야 한다.

넷째, 서로 격려하고 도와야 한다. 성도들은 지도자들의 수고를 인정해주고 약한 자들은 돌아보며 모든 사람에게 선을 행함으로 건강한 공동체를 세워가야 한다(5:12~15).

구조

Ⅰ. 서두(1:1)
Ⅱ. 바울의 감사(1:2~10)
Ⅲ. 바울의 사역 모습(2:1~16)
Ⅳ. 교회를 향한 사랑과 열정(2:17~3:13)
Ⅴ. 거룩한 삶에 대한 권면(4:1~12)
Ⅵ. 예수님의 재림에 대한 가르침(4:13~5:11)
Ⅶ. 공동체 생활에 대한 권면(5:12~24)
Ⅷ. 마지막 당부와 인사(5:25~28)

07

신실한 믿음

(데살로니가전서 1:1~10)

신실한 믿음은 삶의 변화와 영적 재생산으로 나타난다. 이 과에서는 신실한 믿음은 그리스도를 본받아 믿음, 사랑, 소망으로 열매를 맺고 다른 사람에게 복음을 전함으로 재생산된다는 것을 배우게 된다.

도입 | 당신의 신앙생활에 좋은 영향을 준 사람은 누구이며 그에게서 본받고 싶은 모습은 무엇인가?

신실한 믿음과 삶의 변화

1. 바울이 데살로니가 교회에 대하여 하나님께 감사한 이유는 무엇인가? (2~3절)

2. 데살로니가 성도들의 '믿음의 역사, 사랑의 수고, 소망의 인내'는 어떻게 나타났는가?

(1) 믿음의 역사(1:8~9)

(2) 사랑의 수고(4:9~10)

(3) 소망의 인내(1:10)

바울서신에 나타난 믿음, 사랑, 소망

바울서신에서 믿음, 사랑, 소망은 자주 강조된다(고전 13:13; 살전 5:8; 갈 5:5~6; 롬 5:1~5; 골 1:4~5; 엡 1:15~18).

* 믿음의 역사: 믿음의 역사는 보이지 않는 믿음이 행위로 드러나는 것을 말한다. 믿음과 행위는 동전의 양면과 같이 결코 분리될 수 없다. 행위는 믿음의 신실함을 드러내는 열매다.
* 사랑의 수고: 수고는 그리스도의 희생적 사랑에 바탕을 둔다. 성도는 예수님의 희생을 본받아 자기의 유익보다 타인과 교회를 위한 희생을 기쁘게 생각하는 성숙한 신앙을 가져야 한다.
* 소망의 인내: 소망의 인내는 그리스도의 재림에 대한 소망을 가지고 인내하는 것을 말한다. 재림에 대한 소망은 고난을 견디고 극복하게 한다.

3. 바울이 데살로니가 교회를 위해 어떻게 헌신했으며 교회는 바울의 헌신에 어떻게 반응했는가? (5~6절)

신실한 믿음과 영적 재생산

4. 데살로니가 교회의 신실한 믿음은 어떻게 주변 지역으로 퍼져나갔는가? (6~8절)

데살로니가 교회의 영적 재생산

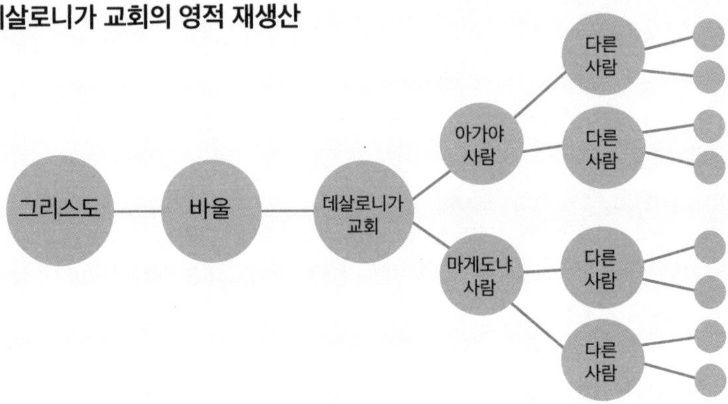

5. 아가야와 마게도냐 지역에 퍼진 데살로니가 교회에 관한 소문의 내용은 무엇이었는가? (9~10절)

6. 당신 주위에 믿음으로 변화된 삶을 통해 다른 사람들에게 선한 영향력을 끼치는 사람이 있는가? 당신은 주위 사람들에게 어떤 영향을 주고 있는가?

적용 | 그리스도인의 삶에는 믿음의 역사, 사랑의 수고, 소망의 인내가 있어야 한다. 이 세 가지가 당신의 삶에서 어떤 모습으로 나타나고 있으며, 변화가 필요한 부분은 무엇인가?

(1) 믿음의 역사

(2) 사랑의 수고

(3) 소망의 인내

결론 | 바울은 믿음과 성령으로 복음을 전했고, 데살로니가 교회는 기쁨으로 말씀을 받아 신실한 믿음을 갖게 되었다. 그리스도인은 신실한 믿음으로 삶의 변화와 영적 재생산을 일으켜야 한다.

Movements Everywhere!

#7 전도의 본을 보이기

순원이 다른 사람에게 믿음을 나눌 수 있도록 전도의 본을 보이라.

* 품고 있는 태신자의 명단을 보여주고 간증하기
* 순원이 전도하고 싶은 친구 함께 만나 전도하기
* 순원과 전도하러 나가기

Article

07

승법번식하는 믿음

릭 제임스(Rick James)

아내 케이티(Katie)와 결혼했을 때만 해도 나는 아이를 갖고 싶다는 생각이 전혀 없었다. 결혼 초기에 많은 부부들은 우리와 비슷하게 생각한다. 하지만 결혼 후 일, 이 년이 지나면 이상한 일이 일어나기 시작한다. 두 사람이 서로 사랑하며 행복한 결혼 생활을 누리는 것도 좋지만 함께 자녀를 양육하는 기쁨 또한 누리고 싶다는 생각이 들게 된다.

내 안에 있는 기쁨을 혼자만 간직하는 것은 정말 어렵다. 친한 친구와 함께 식사를 할 때 당신은 주문한 음식이 너무 맛있어서 "이것 좀 먹어봐!"라고 말해 본 적이 있는가? 진정한 기쁨과 즐거움은 넘쳐흐르게 되어 있다. 기쁨은 나누고 싶어진다.

이러한 기쁨은 자녀를 갖고 싶은 주된 이유이기도 하다. 배우자와의 사랑과 헌신이 깊어지면서 오는 기쁨은 사랑의 범위를 확장하고 싶은 열정을 갖게 한다. 이때 사람들은 배우자에게 "아이를 갖는 것에 대해 어떻게 생각해?"라고 제안하게 된다. 이 과정은 주로 연쇄반응을 일으킨다. 첫 아이를 통해 경험한 기쁨은 또 다른 아이를 갖고 싶은 열망을 불러일으킨다. 나의 경우, 수면 결핍으로 완전히 지치고 의료비와 기저귀 값에 허덕이며 정신이 들기까지 이 과정이 반복되었다.

출산(육체적 재생산)에서 오는 기쁨의 경험은 하나님이 우리를 창조하신 이유를 엿볼 수 있게 한다. 성부, 성자, 성령 하나님 사이에는 완전한 사랑이 있다. 하나님은 이 완전한 사랑 안에서 넘치는 기쁨으로 인간을 창조하셨고 우리도 그 사랑과 기쁨에 동참하여 함께 즐거워하기를 원하신다.

이것에 비추어 볼 때 하나님이 인간에게 주신 첫 번째 명령이 "생육하고 번성하라"인 것은 눈여겨 볼만하다. 하나님이 아브라함에게 주신 약속도 이와 같은 맥락에 있다. 하나님이 아브라함을 이끌고 밖으로 나가 "하늘을 우러러 뭇별을 셀 수 있나 보라… 네 자손이 이와 같으리라"고 말씀하셨다(창 15:5). 하나님은 아브라함을 통해 자신을 위한 거룩한 백성을 창조하기 원하셨는데 이는 육체적 재생산을 통해 이뤄졌다. 거룩한 백성을 직접 한 번에 창조하실 수도 있었겠지만 하나님은 아브라함이 재생산의 기쁨을 누리길 원하셨다.

영적 승법번식

육체적 재생산의 원리를 영적으로도 적용할 수 있다. 하나님은 이 땅에 하나님의 나라, 곧 땅 위 모든 "민족과 언어"로 구성된 경건한 백성을 세워가시는 과정 중에 있다. 아브라함에게 그러하셨듯이 하나님은 우리가 이 일에 참여하기를 원하신다. 우리는 우리의 믿음을 다른 사람들에게 나누고 그들이 그리스도를 따르도록 제자화하는 영적 재생산을 통해 참여할 수 있다.

우리의 믿음을 재생산하려는 동기는 앞에서 언급한 자녀를 갖고 싶은 부부의 동기와 유사하다. 우리가 하나님과의 관계에서 경험하는 기쁨은 울타리를 벗어나 넘쳐흐르게 되어 있다. 맛있는 음식을 먹으며 "진짜 맛있어, 너

도 먹어봐!"라고 말하지 않을 수 없듯이 말이다. 이에 대해 사도 요한은 다음과 같이 묘사한다. "우리가 보고 들은 바를 너희에게도 전함은 너희로 우리와 사귐이 있게 하려 함이니 우리의 사귐은 아버지와 그의 아들 예수 그리스도와 더불어 누림이라. 우리가 이것을 씀은 우리의 기쁨이 충만(완전)하게 하려 함이라"(요일 1:3~4). 사도 요한은 주님과 교제하며 누리는 기쁨을 "너도 누려봐!"라고 전함으로 그의 기쁨을 완전하게 하고자 했다.

케이티와 나의 기쁨은 결혼생활을 통해 세 명의 자녀를 얻음으로 더욱 완전하고 충만해졌다. 마찬가지로 우리가 다른 사람에게 믿음을 나눌 때 주님과의 사랑이 더욱 충만해질 것이며, 우리의 영적 자녀들 또한 주님과 사랑의 관계를 맺게 될 것이다.

영적 재생산은 자녀를 낳는 것 이상이다

케이티와 내가 딸 에이버리(Avery)를 낳았을 때 "이제 내 기쁨은 충분해. 집에 가자!"라며 딸을 병원에 두고 가지 않았다. 우리는 그녀를 양육해야 하는 책임이 우리에게 있음을 알았고 이 또한 우리에게 기쁨이었다. 마찬가지로 우리가 믿음을 나눔으로 다른 사람이 그리스도를 믿게 되는 것은 참 기쁜 일이다. 하지만 우리의 책임은 거기에서 멈추지 않는다. 우리에게는 그들을 성숙한 그리스도의 제자로 양육해야 할 역할이 남아 있다.

우리는 우리가 전도한 사람을 직접 양육하지 못 할 때도 있다. 하나님은 그 기회를 다른 사람에게 맡기기도 하시기 때문이다. 반대로 하나님은 우리가 직접 전도하지 않은 사람을 제자화하게 하시기도 한다. 다른 사람을 그리스도께 인도하는 것과 양육하는 것 모두 즐거운 일이다.

영적 승법번식과 지상명령

하나님은 아브라함에게 그를 통해 하나님을 따르고 섬기는 민족(이스라엘)을 이루시겠다고 약속하셨다. 이 약속은 1차적으로 육체적 재생산, 즉 아브라함의 자손으로부터 또 다른 자손들이 생겨나는 방식을 통해 성취되었다. 그러나 이 약속은 궁극적으로 예수님이 마태복음 28:19~20에서 주신 지상명령을 통해서 성취된다. "너희는 가서 모든 민족을 제자로 삼아… 내가 너희에게 분부한 모든 것을 가르쳐 지키게 하라 볼지어다 내가 세상 끝날까지 너희와 항상 함께 있으리라." 이 말씀은 하나님의 나라를 세운다는 것에서는 아브라함에게 주신 약속과 같지만 두 가지 면에서 중요한 차이가 있다.

첫째, 지상명령은 지리적인 나라가 아닌 영적인 하나님의 나라를 확장시키라는 명령이다. 하나님의 나라는 예수님이 왕이 되시는 나라이며 각 민족의 충성스러운 백성들로 이루어진 영적인 나라다.

둘째, 지상명령 성취는 육체적 재생산이 아닌 영적 재생산을 통해 일어난다. 우리는 영적인 생명을 잉태하기 위해 복음을 전함으로 그리스도를 따르는 자들을 재생산한다. 또한 우리는 어린 신자들이 그리스도의 명령에 순종하도록 가르쳐야 한다.

영적 재생산은 온 세상에 복음을 전하기 위해 예수님이 말씀하시고 본을 보여주신 놀라운 전략이기 때문에 간과해서는 안 된다. 예수님은 소수의 사람을 불러 모아 그들을 제자로 삼으셨고 그들이 복음을 전하고 또 다른 사람을 제자로 삼도록 보내셨다. 얼핏 보면 느린 과정처럼 보일 수 있다. 혹자는 예수님이 몇 년에 걸쳐 매일 몇 천 명에게 복음을 전하는 방식이 더 효율적이었을 거라고 생각할지도 모른다. 하지만 한번 계산해보자.

당신이 21년 동안 매일 천 명에게 복음을 전한다고 가정해보자. 몇 명이 예수님에 대해 듣게 될까? 약 760만 명이다. 나쁘진 않다. 포상휴가를 받을 만한 성과다. 하지만 당신이 만약 올해 3명을 그리스도께로 인도하고, 그들이 또 다른 사람을 가르쳐 그들도 이와 같이 하도록 제자화한다고 가정해보자. 그 다음 해에 그들이 각각 3명을 그리스도에게 인도하고 그들도 다른 사람에게 복음을 전하도록 가르치고 제자화한다고 했을 때, 이런 과정을 반복한다면 21년 후에는 어떻게 될까? 1050억 명이 복음을 듣게 된다. 복음을 온 세상에 선포하라는 교회에게 주신 임무를 완수하게 될 것이다. 사실 전 세계 인구는 70억에 불과하기 때문에 목표치를 초과한 셈이다.

나는 당신이 복음을 적게 전해도 된다고 말하는 것이 아니다. 만약 당신이 천 명에게 매일 복음을 전할 수 있다면 어떤 수를 쓰더라도 지속하길 바란다. 하지만 제자화를 더 많이 해야 한다.

제자화의 중요한 요소

이 글만으로는 제자화의 주제를 충분히 다룰 수 없다. 하지만 영적 승법번식에 관한 몇 가지 중요한 점을 간단히 언급함으로 제자화 과정에 어떤 일들이 수반되는지 다루고자 한다.

* 믿음을 나누라

예수님이 본을 보여주신 전략과 우리가 위에서 계산해 본 승법번식 전략이 실제 성취되려면, 어린 그리스도인들도 다른 사람에게 믿음을 나눌 수 있도록 본을 보여야 한다. 그래야만 재생산이 이어진다. 우리의 제자들이 다른 사람에게 복음을 전하는 방법을 모른다면 영적인 계보가 끊어질 것이다.

* 충성스러운 사람을 선택하라

디모데후서 2:2은 이렇게 말한다. "또 네가 많은 증인 앞에서 내게 들은 바를 충성된 사람들에게 부탁하라 그들이 또 다른 사람들을 가르칠 수 있으리라." 바울은 자신의 제자 디모데에게 편지를 쓰며 믿을만한 사람들을 선택하고 우선적으로 양육하여 그리스도의 가르침에 충성스러운 청지기가 되라고 권한다.

누군가를 그리스도께 인도했다면 당신은 그가 자라가도록 도울 책임이 있다. 어떤 사역에서든 그리스도께 인도된 대부분의 사람은 제자훈련이 필요하다. 바울은 충성스럽고 믿을만한 자를 선택하라고 말한다. 충성스럽다는 것은 성장하기를 갈망하고 배운 것을 신실하게 적용하고자 하며 성장에 도움이 되는 영적 환경을 적극적으로 찾아 나서는 것을 의미한다. 다른 사람을 가르칠 수 있다는 것은 믿음을 나누고 돌보는 데 마음을 두는 것을 말한다. 충성스러운 자를 선택하는 것은 제한된 시간 속에서 우리가 할 수 있는 가장 현명한 투자이다. 이들은 우리가 가르친 것을 또 다른 사람에게 전수할 사람들이다.

나는 13살쯤에 유명한 코치가 지도하는 농구 캠프에 참여한 적이 있었다. 나는 코치에게 일대일로 지도받을 것을 기대했지만 상황은 그렇지 않았다. 그는 대부분의 시간을 뛰어난 고등학생들을 지도하는 데 보냈다. 당시에는 그의 행동이 못마땅했지만 부족한 시간에 비해 훈련받고 싶어 하는 학생들이 수백 명이었다는 것을 생각해보면 지금은 이해가 된다. 그는 지혜로운 청지기로서 자신의 가르침을 따라 좋은 선수로 성장할 가능성이 높은 사람들에게 현명한 투자를 했던 것이다. 그는 자신이 사용할 수 있는 시간이 제한적이라는 것을 분명히 인식했고, 그 시간을 효율적으로 사용하고자 했다. 그는 청지기의식을 가지고 있었다.

* 기본에 충실하라

당신이 제자화하고자 하는 대상에게 가르치고 본을 보일 때 '성경 읽는 방법' 또는 'QT하는 방법'과 같은 가장 기초적이고 중요한 것을 꼭 가르치라. 또한 제자가 되려면 어떻게 죄를 고백하고 성령의 능력을 의지할 수 있는지 먼저 이해해야 한다. 멋진 이야기들을 들려주고 친밀함을 쌓기 위한 시간도 갖고 싶겠지만 무엇보다 믿음의 기초 요소들에 뿌리를 내리도록 우선순위를 두고 도와야 한다.

그리스도인과 재생산

나는 영적 승법번식이 모두를 위한 것이며 "평범한" 그리스도인의 삶의 일부라는 것을 강조하고 싶다. 결혼한 부부가 얼마 후에 자녀를 갖는 것은 아주 자연스러운 것이다. 결혼하고 여러 해가 지났는데도 자녀가 없는 경우 특별한 이유가 있다. 어떤 어려움으로 자녀를 갖지 않기로 했거나 신체적으로 아이를 갖기 어려운 경우가 많다. 영적인 측면에서도 마찬가지다. 우리는 여러 자녀를 낳듯 재생산하는 존재로 만들어졌다. 우리의 기쁨은 다른 사람들과 나눔으로 충만해진다. 만약 우리가 이와 같은 방향으로 영적인 성장을 지향하고 있지 않다면 한 번 자신을 돌아보며 고민해 봐야 한다. 죄의 문제나 성령의 능력을 덧입는 것을 방해하는 문제가 있을 수 있다. 어떤 문제든지 잘 파헤쳐서 양육하는 부모의 기쁨을 누리게 되기를 권한다.

08

참된 순장의 본, 바울

(데살로니가전서 2:1~12)

참된 양육자는 하나님 앞에서
순전한 마음으로 영혼을 돌보아야 한다.
이 과에서는 바울이 어떤 자세와 행동으로
데살로니가 성도들을 육성했는지 살펴봄으로
참된 순장의 모습이 무엇인지 알아본다.

도입 | 당신은 쉘 실버스타인(Shel Silverstein)의 『아낌없이 주는 나무』라는 동화를 읽어본 적이 있는가? 이것을 읽고 무엇을 느꼈는가?

바울의 순전한 마음

1. 바울이 빌립보와 데살로니가에서 복음을 전할 때 어떤 어려움이 있었는가? (1~2절; 참고 행 16:16~24; 17:1~10)

2. 계속되는 반대와 생명의 위협에도 불구하고 바울이 포기하지 않고 복음을 전할 수 있었던 이유는 무엇인가? (3~4절)

3. 바울은 마음을 살피시는 하나님을 기쁘시게 하기 원했다. 이런 마음을 가진 바울이 데살로니가에서 복음을 전하고 양육할 때 경계했던 태도는 무엇인가? (3~6절)

4. 당신은 하나님이 당신에게 복음을 맡기셨다는 것을 확신하는가? 당신이 어떤 마음의 동기와 태도로 복음을 전하고 양육하는지 돌아보고 나누라.

교회를 향한 사랑과 수고

5. 바울은 어머니(유모)와 아버지처럼 데살로니가 성도들을 양육했다. 바울은 어떻게 그들을 섬겼는가? (7~12절)

   * 어머니(7~9절)

   * 아버지(11~12절)

6. 바울은 데살로니가 교회가 하나님께 합당하게 살아가기를 소망하며 그들을 양육했다(12절). 당신은 순원이 어떤 모습으로 성장하기를 소망하는가?

적용 | 바울은 어머니처럼 때로는 아버지처럼 교회를 돌보았다. 당신의 순원이 하나님 나라에 합당하게 살아가도록 당신이 도와야 할 것은 무엇인가?

어머니처럼 도와야 할 부분	아버지처럼 도와야 할 부분

결론 | 바울은 하나님께 복음을 부탁받아 환난 중에도 순전한 마음으로 복음을 전했다. 또한 성도들이 하나님 앞에서 합당하게 살아가도록 사랑의 수고를 아끼지 않았다. 제자를 양육하는 사람은 바울과 같이 순전한 마음과 사랑의 수고로 하나님이 맡기신 자들을 돌보아야 한다.

Movements Everywhere!

#8 순원과 시간 보내기

순원과 시간을 보내는 것은 순모임의 진도를 나가는 것만큼 중요하다.
순모임 시간 외 친해질 수 있는 시간을 계획하고 실행하라.

* 재미있는 활동하기(소풍, 운동, 영화/연극 관람 등)
* 활동 후에 대화하는 시간 갖기

Article

08

바울의 제자화 과정

데살로니가 교회는 건강하게 성장하고 있는 교회였지만, 교회 안의 몇몇 사람들이 교회를 향한 바울의 사랑과 헌신의 진실성에 대해 의심을 제기했던 것 같다. 이에 바울은 데살로니가전서 2:1~12에서 데살로니가 교회를 향한 자기 사랑의 진실성을 변호한다. 우리는 여기에서 제자화에 반드시 포함되어야 하는 참된 양육자의 마음가짐과 동기와 행동들에 대해 알 수 있다.

기꺼이 희생함(살전 2:1~3)

바울은 자신이 처음 데살로니가를 방문한 것은 우연이 아니라는 말로 변호를 시작한다. 이것을 볼 때 당시 데살로니가 교회에 바울이 의도적으로 데살로니가를 방문한 것이 아니라는 소문이 퍼졌던 것 같다. 이에 바울은 그들에게 복음을 전하기 위해 자신이 견뎌냈던 희생과 고난을 상기시킨다.

바울은 데살로니가를 방문하기 일주일 전쯤에 빌립보에서 복음을 전하다가 심하게 매를 맞고 감옥에 갇혔었다(행 16:16~24). 그가 데살로니가에 도착했을 때 그의 몸은 아직 회복되지 않은 상태였을 것이다. 그럼에도 바울은 데살로니가에 복음을 전하기 위해 자신의 목숨을 걸었고 다시 매를 맞을지도 모르는 위험을 감수했다. 바울이 여기서 말하려는 것은 '만약 내가 당신들을 진정으로 사랑하지 않았다면 우연히 데살로니가에 와서 그렇게 많은 어려움을 감수했겠습니까?'라는 것이다(살전 2:2). 바울의 이 말을 통하여 우리는 개인적인 희생이 제자화의 진실성을 보증해주는 절대적 가치라는 것을 알 수 있다.

그리스도의 희생이 죄인인 우리가 영생을 얻기 위해 요구되는 것이라면, 우리의 개인적 희생은 다른 사람에게 복음을 전해주어 그들이 기독교의 진리 안에서 바르게 성장하기 위해 요구되는 것이다.

이어지는 내용에서 우리는 바울에 대해 어떤 오해가 있었는지 좀 더 분명하게 그려볼 수 있다. 바울은 재정적인 유익을 얻기 위해 데살로니가 성도들의 마음을 사로잡은 종교적 사기꾼이라는 비난을 받았던 것 같다.

바울이 선교했던 1세기는 지금보다 훨씬 더 종교적이었다. 대부분의 사람들이 다양한 신을 섬기고 있었고 종교적 사기꾼을 보는 것은 드문 일이 아니었다. 가짜 현자와 철학자들은 새로운 철학이나 가르침을 가지고 마을을 찾아오곤 했다. 그들은 자신들의 가르침대로 살아가려는 추종자들을 찾고 있었는데 그들의 가장 큰 동기는 탐욕이었다. 이런 배경에서 바울도 그들과 같은 동기로 접근했다는 오해를 받게 되었고, 바울은 복음을 위해 이 오해를 푸는 것이 중요하다고 생각했다.

기꺼이 진실을 말함(살전 2:4~6)

바울은 자신이 데살로니가 성도들에게 어떤 경우에도 아첨의 말을 하지 않았고 오히려 듣기 거북할 수도 있는 진실을 말했던 것을 기억하도록 부탁했다. 이 말은 '누군가가 당신의 유익을 위해 말하기 힘든 진실을 기꺼이 말한다면, 그 사람은 정말 당신을 사랑하는 사람입니다'라는 의미이다. 여기서 배울 수 있는 제자화에 대한 두 번째 교훈은 어리거나 성장이 필요한 그리스도인에게 진실을 말하기 위해서는 용기가 필요하다는 것이다. 사람은 누구나 단점이나 죄 또는 아직 성숙되지 못한 인품을 가지고 있다. 제자화를 하는 사람은 사랑의 태도로 이런 부분을 알려주어야 한다. 이렇게 진실을 말하게 되면 종종 거부나 보복이 따라오기 때문에 용기가 필요하다. 이러한 용기는 사랑과 관심이 함께 어우러져야 한다. 제자화를 하는 사람은 하나님께서 그 신자를 돌보는 일과 그에게 성숙이 필요한 영역을 정직하게 말해줄 책임을 자신에게 위임하셨음을 알아야 한다. 바울의 말을 생각해보면, 제자화에 있어서 가장 큰 장벽은 그들에게 잘 보이고 싶어 하는 우리의 바람일 수도 있다. 제자화를 하는 사람은 사람이 아니라 하나님을 기쁘시게 하는 것에 더 큰 관심을 쏟아야 한다.

돌봄과 삶 개방하기(살전 2:7~8)

바울은 자신이 그들을 정말로 사랑했다는 것을 알게 하려고 두 가지 사실을 더 말한다. 그는 마치 어머니가 자녀를 돌보듯이 자신이 그들을 먹이고 희생적으로 돌본 것을 상기시킨다. '어머니'라는 표현은 어린 아이에게 젖을 먹이는 모습을 떠오르게 하는데, 이것은 그리스도인이 믿음의 토대를 바른 진리 위에 두게 하는 것과 연관된다. 제자화에는 그리스도께서 우리를 위해 이루어 놓으신 것을 배우고, 그리스도와의 관계에서 어떻게 성장해야 하는지를 배우는 '가르침'이라는 요소가 반드시 포함되어야 한다. CCC는 이런 목적에 맞는 기초 육성과정(「새생활의 시작」)을 제공하고 있다. 이 육성과정은 그리스도인이 신앙의 기본적인 진리와 그리스도와의 관계에서 성장하기 위해 필요한 것을 배우는 데 좋은 도움을 준다.

그 다음에 바울은 '하나님의 복음뿐 아니라 우리의 목숨까지도 너희에게 주기를 기뻐했다'고 말한다. 이 말은 자신의 삶을 다 개방했다는 의미를 포함한다. 바울은 그들에게 자신의 삶을 완전히 개방했음을 상기시킴으로 그의 사랑의 진실성을 강조한다. 삶을 개방한다는 것은 진실하게 자신을 드러내는 것으로 다른 사람이 자신의 삶 안으로 들어오도록 허용하는 것이다. 당신이 먼저 마음을 열고 당신의 삶의 자랑스러운 것뿐 아니라 약함과 두려움까지 나눌 때 다른 사람도 마음을 열어 자신을 드러낼 것이다. 그럴 때 당신은 그의 삶으로 들어가 그의 성장을 도울 수 있다.

당신이 정직하게 마음을 열고 당신의 삶을 나눌수록 사람들은 그리스도를 따르는 것에 큰 도움을 받는다. 따라서 하나님께서 현재 당신에게 가르쳐주시는 것, 당신이 성경에서 배우고 있는 것, 당신에게 다가오는 유혹과 시련 그리고 믿음의 도전들에 대처하는 방법 등을 어린 그리스도인과 나누는 것이 중요하다.

세 가지 추가적인 사실(살전 2:9~12)

이 부분에서 바울은 자신의 변론에 세 가지 사실을 더 추가한다. 첫째, 그는 성도들에게 돈이나 원조를 받지 않기로 작정하고 스스로 일해서 생계를 책임졌다고 말한다. 바울과 그들의 관계가 결코 개인적 이윤을 얻기 위한 관계가 아니었음을 상기시키는 것이다. 바울이 그들을 위해 했던 모든 일은 그들을 향한 사랑이 동기가 되어 한 것이었다.

둘째, 바울은 자신이 그들과 함께 있을 때 살았던 삶의 방식에 대해 말한다. 그는 성도들 앞에서 '거룩하고 옳고 흠이 없는' 삶을 살았기 때문에 그의 성실성에 대해서는 누구도 의심하지 않았다. 우리는 다른 사람들의 실패나 단점을 통해 배우기도 한다. 그러나 사람을 변화시키는 가장 강력한 본은 언제나 긍정적인 것이다. 제자화는 우리의 삶을 죄로부터 지키는 것이 얼마나 중요한지를 말해준다. 또한 사역의 모든 영역에서 담대한 믿음으로 어린 그리스도인에게 긍정적인 본이 되어야 한다는 것을 보여준다. 사람들은 부모가 되면 자녀를 위해서 자신이 먼저 성숙해야 하며, 좋은 인격을 갖추어야겠다는 생각을 한다. 마찬가지로 제자화를 하는 사람도 어린 그리스도인들 앞에서 본이 되는 삶을 살아야겠다는 마음을 갖게 된다. 이러한 과정에서 제자화를 하는 사람은 그리스도와의 관계에서 성장하며 영적 지혜와 통찰력을 갖게 되어 다시 다른 사람들에게 그것을 나누어 줄 수 있게 된다.

셋째, 그는 '어머니' 비유에 '아버지' 비유를 더한다. 그는 영적 아버지처럼 그들을 사랑해서 그들이 거룩한 삶을 살도록 권면했다고 말한다. '권면하고 격려하고 위로했다'는 것에서 우리는 어떤 사람이 더 성장하도록 옆에서 격려하고 동기 부여하는 코치의 모습을 떠올릴 수 있다. 코치는 한 사람이 탁월해지도록 애쓰게 하기 위해 권면하고 격려하며, 때로 가는 길이 어렵거나 절망스러울 때는 위로한다. 바울이 제자화를 할 때 성도들이 탁월하게 그리스도와 동행해 나가는 것을 돕기 위하여 바른 생각을 불어넣고 많은 노력을 기울이는 코치의 역할을 했다는 것은 우리에게 시사하는 바가 크다. 훌륭한 코치가 되는 것, 즉 언제 권면과 도전을 해야 하는지, 언제 위로를 해야 하는지를 분별하는 데는 시간이 걸리고 많은 노력이 필요하다. 훌륭한 코치처럼, 영적 리더도 각각의 요소들을 언제 해야 적절한지 분별하는 법을 배워야 한다.

제자화 시작하기

제자화 관계를 형성하는데 큰 어려움 중 하나는 제자화를 어떻게 시작해야 할지 모르는 것이다. 어린 그리스도인에게 무작정 다가가 "내가 당신을 제자화 해줄까요?"라고 묻는 것은 너무 어색하다.

제자화 관계를 시작하는 가장 좋은 방법은 일단 만나는 것이다. 개인적으로 사람들에게 같이 점심을 먹자고 초청하라. 첫 만남에서는 그리스도와 동행하는 삶에 대해 물어보고 그들을 위해 어떻게 기도해주면 좋겠는지 물어봄으로 당신이 그들에게 관심이 있음을 보여주라. 당신이 먼저 마음을 열고 그리스도인으로 어떻게 살아가고 있는지 나누는 것이 좋다. 만남을 마치기 전에 서로 삶을 나누고 식사도 하고 성경을 함께 보기 위해 매주 같이 모이면 좋겠다는 제안을 하라.

두 번째 만날 때 CCC의 「새생활의 시작」을 준비해 가라. 어느 정도 대화를 나눈 후에 교재를 꺼내 "어떻게 시작하는 것이 좋을지 몰라서 이 교재를 가져왔어요. 이 책은 예수님을 알아가는 데 도움이 될 거예요"라고 말하라. 그런 다음 그 교재로 함께 공부하라.

첫 데이트처럼 모든 어색함을 다 떨쳐 버릴 수는 없다. 이것은 마치 바울이 데살로니가 사람들에게 복음을 나누기 위해 목숨을 걸었던 것처럼 다른 그리스도인이 성장하도록 돕기 위해 당신이 희생하는 한 가지 방법이다. 첫 모임의 어색함은 수백만 명의 어린 그리스도인들이 제자화 훈련을 받지 못하도록 가로막는 장애물이다. 첫 모임이 끝나면 어색함이 사라지게 되고 다음에는 당신과 어린 그리스도인 모두의 영적 생활의 촉매제가 되는 강력한 관계가 형성될 것이다. 그러나 이 일은 당신이 첫 걸음을 기꺼이 내딛을 때만 일어난다.

누구와 제자화 모임을 시작해야 할지 기도하고 당신의 성경 공부 인도자에게 CCC의 「새생활의 시작」을 가져다 달라고 부탁하라.

09

바울의 열정과 기쁨

(데살로니가전서 2:17~3:13)

제자를 양육하는 사람의 기쁨은
제자가 믿음 안에 굳게 서는 것이다.
이 과에서는 바울이 어려운 상황에서도
데살로니가 교회를 돌보는 모습을 통해
순장의 열정과 기쁨이 무엇인지 배우게 된다.

도입 | 요즘 당신에게 위로와 기쁨을 주는 것은 무엇인가?

제자를 향한 바울의 열정

1. 바울이 데살로니가 교회를 돌보는 과정에서 어떤 어려움이 있었으며 그때 바울의 심정은 어떠했을까? (2:17~18; 3:1~5; 참고 행 17:2)

* 17절 '떠나다'의 원어적 의미는 '떼어내다', '찢어내다', '고아가 되게 하다'이다. 이것은 바울이 원치 않는 상황으로 인해 데살로니가를 떠나올 수밖에 없었다는 것을 나타낸다.

2. 바울은 이 어려움을 해결하기 위해 무엇을 했는가? (3:1~5)

3. 당신은 순원을 양육하는 과정에서 겪고 있는 어려움이 있는가? 그 일을 해결하기 위한 최선의 방법을 생각해보라.

바울의 위로와 기쁨

4. 바울을 대신해 데살로니가 교회를 방문한 디모데가 가져온 소식은 무엇인가? (3:6)

5. 바울은 데살로니가 소식을 듣고 어떻게 반응했는가? 바울이 이와 같이 반응한 이유는 무엇일까? (2:19~20; 3:7~9; 참고 2:8)

* 면류관 : 월계수로 만든 관으로 당시 운동 경기의 승리자에게 주는 영예의 상이었다. 바울이 하나님 앞에서 제자들을 자랑의 면류관으로 여긴 것은 그들이 믿음 안에 서는 것을 자신의 사명으로 여겼기 때문이다.

6. 바울이 데살로니가 성도들을 위해 기도하는 내용과 태도를 살펴보고 이를 통해 당신이 배울 수 있는 것을 나누어 보라. (3:10~13)

*** 바울이 기도한 내용**

* 바울이 기도한 태도

* 배울 점

적용 | 바울에게는 데살로니가 성도들이 믿음 위에 굳게 서는 것이 하나님 앞에서 기쁨과 소망이었다. 당신의 기쁨과 소망은 무엇이며 이것을 위해 무엇을 하겠는가?

결론 | 바울은 어려움 중에도 데살로니가 교회를 돌보려는 노력을 쉬지 않았다. 교회가 믿음 안에 굳게 서는 것이 바울의 소망과 기쁨이었기 때문이다. 제자를 양육하는 사람은 어려움이 있을지라도 포기하지 않고 제자들이 믿음 안에 굳게 서도록 돌보고 기도해야 한다.

Movements Everywhere!

#9 순원 격려하기

순원을 향한 사랑을 표현할 때 순원은 격려를 받는다. 다양한 방법(애정이 담긴 말, 편지, 선물)으로 순원을 격려하라.

* 순원을 만나는 기쁨 표현하기
* 순원의 장점 칭찬하기
* 어려움에 대해 위로하고 기도해주기

Article

09

제자화: 바톤 넘겨주기

에릭 실버맨(Eric Silverman)

기독교가 사라지는 데에는 한 세대밖에 걸리지 않는다. 교회가 문을 닫는 이유를 연구해 보면 다음 세대의 그리스도인을 재생산하지 못한 간단한 문제 때문이라는 것을 알 수 있다. 캠퍼스에서도 마찬가지이다. 캠퍼스에서 사역이 중단이 되는 경우는 대부분 졸업하는 그리스도인들이 그들을 대신할 다음 세대를 재생산하지 않았기 때문이다. 그나마 교회의 경우는 몇 십년에 걸쳐 사역이 중단되지만, 캠퍼스 사역은 불과 2~3년 안에 사라질 수도 있다.

이 문제에 대한 하나님의 해답은 "제자화"이다. 사도바울은 자신의 제자 디모데에게 이렇게 가르친다. "또 네가 많은 증인 앞에서 내게 들은 바를 충성된 사람들에게 부탁하라 그들이 또 다른 사람들을 가르칠 수 있으리라"(딤후 2:2). 바울의 명령은 명확하다. 다음 세대를 준비시키는 데 최우선 순위를 두라는 것이다. 이 명령은 다음 세대를 이끌어갈 영적 리더를 선택하고 훈련할 때 그들이 그 다음 세대를 훈련하고 준비시킬 수 있을 만큼 확실히 훈련하도록 주의를 기울이라는 의미이다.

제자화 과정에서 일어나는 일들

제자화는 영적 리더가 자신의 제자와 믿음의 교제를 나누며 제자가 하나님과 깊이 교제하고 사역하는 방법을 훈련하도록 돕는 것이다. 제자화 과정에서 일어나는 세 가지 중요한 일은 제자와의 친밀한 관계 형성, 하나님과의 관계에서의 성장, 사역을 위한 훈련이다.

첫째, 제자와 친밀한 관계가 생긴다. 우정에 어떤 것들이 포함되는지 잘 알 것이다. 재미있는 활동, 삶 나누기, 힘든 시간 함께 하기를 비롯해 일반적으로 다른 사람의 삶의 일부가 되는 모든 과정을 포함한다.

둘째, 제자는 영적 리더의 적극적인 도움을 통해 하나님과의 관계에서 성장하게 된다. 영적 리더는 다양한 방법을 통해 제자의 인격과 영적 훈련을 도울 수 있다. 자기절제 훈련, 다른 그리스도인과의 교제와 교회 생활의 중요성, 성령 충만 받는 방법, 효과적인 성경공부 방법, 개인 묵상하는 방법, 하나님의 주권에 순종, 지상명령의 중요성, 통합적 기독교 세계관의 중요성 등의 중요한 주제들을 함께 다루고 전수하는 것이 좋다. 하지만 그 누구도 다른 그리스도인을 억지로 자라게 할 수 없다는 것을 기억해야 한다. 제자화 과정에 있어서 영적 리더의 책임은 성장을 위한 기회와 정보와 환경을 제공하는 것이다.

셋째, 사역을 위한 훈련이 전수된다. 제자가 영적 리더로 세워졌을 때 사역을 이끌어갈 수 있으려면 훈련이 필요하다. 영적 리더는 제자에게 다른 사람에게 믿음을 나누기, 성경공부 인도하기, 기도생활 동기부여하기, 다른 사람을 격려하기, 초신자 제자화하기, 사역 리더 지도하기, 영적 공동체 세우기, 등 많은 "방법론"들을 전수하고 훈련해야 한다.

왜 제자화에 참여해야 하는가?

제자화는 참여하는 모든 사람에게 유익한 과정이다. 다른 사람을 위해 자신의 삶을 드리는 그리스도인이 평생 주님과 동행할 가능성이 더 높다. 신앙생활을 한 지 오래된 사람도 제자화 사역에 참여할 때 새로운 도전을 받아 더 깊이 생각하게 되고 영적으로 성장한다. 제자화에 헌신하는 성숙한 그리스도인들이 늘어날수록 캠퍼스 사역뿐 아니라 하나님의 나라가 확장된다.

제자화는 언제 어디서 일어나는가?

제자화는 일상생활에서 일어나야 한다. 예수님이 그의 제자들을 일상생활과 사역에 참여시키며 훈련하셨듯이 우리도 제자들과 일상을 공유할 기회를 찾아야 한다. 우리의 삶을 공유할수록 모범을 보여 가르칠 기회가 늘어난다. 제자들을 위해 내 삶을 기꺼이 내어주고자 하는 마음이 있다면 식사시간, 운동시간, 심지어는 일상의 자그마한 업무를 처리하는 시간조차 제자화의 장이 될 수 있다. 물론 함께 사역하는 시간도 필요하다.

누구를 제자화해야 하는가?

제자화는 모두를 유익하게 한다. 하지만 그 중 특별히 잠재적 리더와 새 신자들을 제자화해야 한다. 우리는 잠재적 리더들이 앞으로 맡게 될 중요한 임무들을 위해 준비되도록 제자화해야 한다. 새 신자들도 말씀에 견고한 뿌리를 내려 평생 하나님과 동행할 수 있도록 제자화해야 한다.

제자화에 중요한 세 가지 관계

모든 그리스도인은 세 종류의 영적 관계, 즉 "바울", "바나바", 그리고 "디모데"같은 사람과의 관계가 필요하다.

바울 - 사도바울은 많은 사역을 개척했으며 수많은 그리스도인들이 하나님과 동행하는 삶을 살도록 도왔다. 우리 각자는 우리에게 가르침을 줄 수 있는 선배가 적어도 한 명, 가능하면 여러 명 필요하다. 그는 우리가 신뢰할 수 있고 인생의 어려운 질문을 던질 수 있으며 그의 조언을 들을 때 진지하게 따르고 싶은 사람이어야 한다. 바울과 같은 사람은 우리의 영적 성장을 위해 헌신하고 우리를 훈련시키며, 우리 인생에 예상되는 도전들을 위해 우리를 준비시켜 줄 것이다. 우리 자신보다 영적으로 성숙하고, 가능하다면 나이가 조금 더 많은 사람이 우리 삶에서 바울과 같은 사람이 될 수 있다.

바나바 - 바나바는 주로 바울 옆에서 함께 동역했다. 일상생활에서 수많은 도전을 마주할 때 우리와 영적으로 비슷한 수준의 사람들과 교제하는 것이 정말 중요하다. 우리는 바나바와 바울의 관계처럼 상호 격려할 수 있는 관계가 필요하다. 우리의 바나바는 우리가 갈등하고 있는 문제들을 함께 나누고 부담 없이 기도요청을 할 수 있는 친구들이며, 우리와 비슷한 문제들로 고민하고 있는 친구들일 것이다. 엄밀히 말하면, 이들과의 관계가 제자화 관계는 아니지만 영적 성장에 필수적인 관계들이다.

디모데 - 디모데는 육체적으로나 영적으로 바울보다 어린 신자였다. 디모데는 바울의 제자로 양육을 받아 후에 에베소 교회의 목회자로서 교회에 큰 영향을 끼친 사람이다. 우리도 우리의 디모데를 육성하기 위해 노력해야 한다. 우리가 믿음을 가진 지 얼마 되지 않았더라도, 하나님께서는 우리에게 딱 맞는 준비된 자를 붙여주실 수 있다. 특히 우리를 지도해 줄 수 있는 바울 유형의 사람이 주변에 있다면 얼마든지 가능하다. 우리가 다른 사람을 위해 우리의 삶을 기꺼이 드리고자 할 때 특별한 은혜를 경험하게 된다. 사실 이러한 관계를 통해 우리가 더 성장하고 은혜를 입게 된다.

어디서부터 시작해야 하는가?

정직하게 나의 관계를 되돌아보는 것으로 시작할 수 있다. 기도하는 마음으로 아래의 질문들을 묵상해 본다면 이런 관계로 발전할 수 있는 사람들이 이미 우리 주변에 있음을 발견하게 될 것이다.

바울과 같은 사람을 발견하기 위한 질문

나는 누구에게로부터 배우고 있는가?
내가 존경하는 사람은 누구인가?
내가 신뢰하는 사람은 누구인가?
내가 영적으로 본받고 싶은 사람은 누구인가?

바나바와 같은 사람을 발견하기 위한 질문

영적인 성장에 있어서 나와 비슷한 사람은 누구인가?
동질감이 느껴지는 사람이 있는가?
하나님과 동행하도록 격려해주는 사람은 누구인가?

디모데와 같은 사람을 발견하기 위한 질문

나에게 조언을 구하고 따르는 사람이 있는가?

내가 겪은 인생의 의문, 상황, 문제들로 씨름하고 있는 사람이 있는가?
알고 있는 사람 중에 나를 정말 신뢰하는 사람이 있는가?

만약 당신의 삶에 바울이나 바나바와 같은 사람이 아직 없다면 그리스도 안에서의 교제를 더 넓혀갈 필요가 있다. 만약 당신의 삶에 디모데와 같은 사람이 없다면 하나님께서 다른 사람들의 삶을 위해 나를 사용하시도록 기도하기 시작하라.

10

그리스도인의 거룩한 삶 : 성적 순결

(데살로니가전서 4:1~8)

그리스도인은 거룩한 삶을 살도록 부르심을 받았다.

이 과에서는 데살로니가 교회를 향한 바울의 권면을 통해

성적 순결에 대해 배우게 된다.

도입 | 당신이 아끼는 고등학생 동생이 이성교제를 한다고 하면 당신은 스킨십에 대해 어떤 조언을 해주겠는가?

거룩한 삶으로의 부르심

1. 하나님이 우리를 부르신 것은 거룩한 삶을 살게 하기 위함이다(7절). 성(性)에 대한 하나님의 뜻은 무엇인가?

* 마태복음 19:4~6

* 고린도전서 6:18~20

거룩한 삶 살기

2. 바울은 데살로니가 성도들에게 거룩한 삶을 살기 위해 음란을 버리라고 말한다. 어떻게 음란을 버릴 수 있는지 나누어 보라. (3절)

*** 음란**

음란은 성적 부도덕으로 음탕하고 난잡한 것을 말한다. 이는 혼전 성관계, 혼외 성관계, 동성애, 변태 등 모든 비정상적인 성적 문란 행위를 포함한다. 예수님은 심지어 '여자를 바라보고 음욕을 품는 사람은 이미 마음에 간음을 했다'고 말씀하신다(마 5:28). 따라서 직접적인 행동으로 옮기지 않았더라도 음란한 생각이나 의도적으로 유혹을 일으키는 모든 것이 음란에 포함된다.

*** 포르노그래피(Pornography)**

포르노그래피는 음란을 의미하는 '포르네이아'에서 파생되었다. 이는 사전적으로 '성적 흥분을 유발하기 위한 의도로 성행위를 그림이나 글로 묘사한 것'이다(예 : 동영상, 잡지, 인터넷, 소설, 게임, 사진, 그림 등). 신경학적으로 포르노그래피는 실제 상대와 성적인 접촉을 하는 것과 같은 착각을 일으키게 하고 도파민을 분비시켜 가상의 상대와 강한 친밀감을 갖게 한다.

하나님은 그리스도인들이 배우자에게 강한 친밀감을 갖도록 설계하셨다. 다른 상대와 성적 친밀감을 갖는 것은 하나님의 뜻을 저버리는 죄이다. 포르노그래피는 사랑하는 사람과 가정을 이루었을 때 배우자와 강한 친밀감을 갖는 것을 해친다. 예를 들면 배우자와 성관계를 가질 때 포르노그래피가 생각나 친밀한 관계를 갖지 못할 수도 있다.

(조시 맥도웰의 『난처한 질문 현명한 대답』에서 인용)

3. 성경은 배우자를 어떻게 대해야 한다고 말하는가? 요즘 시대에 잘못된 방식으로 배우자를 대하는 일에는 어떤 것들이 있는가? (4~5절)

4. '이 일에 분수를 넘어 형제를 해하지 말라'(6절)는 것은 성적인 영역에서 하나님이 정해주신 범위를 넘어서면 다른 사람에게 해를 입

히게 된다는 것이다. 우리 사회에서 성적인 부도덕으로 다른 사람에게 직·간접적으로 피해를 입히는 사례는 무엇이 있는가?

5. '사랑한다면 누구와도 성관계를 맺어도 된다'고 생각하는 사회적 분위기가 있다. 당신은 이것에 대해서 어떻게 생각하는가? 진정한 사랑은 무엇이라고 생각하는가?

6. 당신의 순원(친구)이 성적 순결을 지켜야 하는 이유를 묻는다면 무엇이라고 답하겠는가? (6~8절)

'성적 순결을 지키지 못한 사람은 어떻게 해야 할까?'

혹시 성적 순결을 지키지 못했더라도 하나님 앞에 회개하고 거룩한 삶을 살면 새로워질 수 있다. 예수님은 성적인 죄도 다른 죄와 마찬가지로 깨끗하게 하신다. 그 후에는 예수님의 말씀처럼 다시 죄를 반복하지 않아야 한다(요 8:3~12). 과거의 죄로 계속적인 죄책감을 가지고 있다면 신뢰할 수 있는 영적 지도자(가능하면 동성)와 상담하라.

적용 | '순결'은 불순물이 섞이지 않아 순수한 상태를 말한다. 성경에서 말하는 순결한 삶은 '하나님의 뜻을 벗어나지 않고 하나님이 본래 의도하신 뜻대로 살아가는 것'이다. 순결의 의미를 생각하며 다음의 순결서약서에 서약하는 시간을 가져보자.

순 결 서 약 서

1. 나는 그리스도와 사람들 앞에서 성적으로 순결한 삶의 모범을 보이겠습니다.
2. 나는 영상, 게임, 서적을 포함한 모든 음란 매체를 사지도 보지도 보관하지도 않겠습니다.
3. 나는 결혼 전까지는 절대 성관계를 맺지 않으며 결혼 후에도 부정을 저지르지 않고 거룩한 삶을 살겠습니다.
4. 나는 혼전 성관계를 맺게 될 가능성이 있는 환경을 만들지 않으며 그런 장소를 최대한 피하겠습니다.
5. 나는 다른 그리스도인들에게도 성적으로 순결한 삶을 살도록 도전하겠습니다.

날짜 :

이름 : (서명)

* 추천도서: 『난처한 질문 현명한 대답』, 조시 맥도웰&어린 데이비스, 예영커뮤니케이션.
『나는 너와 결혼하였다』, 월터 트로비쉬, 생명의 말씀사.

결론 | 하나님은 결혼관계 안에서만 성적 연합을 누리도록 허락하셨다. 거룩한 삶으로 부르심을 받은 그리스도인은 하나님의 말씀에 따라 성적 순결을 추구해야 한다.

Movements Everywhere!

#10 성에 대한 가치관 다루기

성적으로 거룩한 삶은 영적 성장과 깊은 연관이 있다. 순원이 이성교제와 성에 대해 어떤 생각을 가지고 있는지 자연스럽게 대화해보라.

* 순원의 이성교제와 성에 대한 생각 들어보기
* 추천도서 읽고 나누기
  ☞ 대답하기 어려운 질문이 있다면 신뢰할 수 있는 영적 지도자에게 도움을 요청하라.

Article

10

그리스도인의 성(性)

단 헤이스(Dan Hayes)

진실된 기도는 우리의 가장 강력한 충동 중 하나인 성적 욕구에 대한 어려움도 이겨낼 수 있도록 돕는다.

먼저 성(性)에 대한 하나님의 의도를 살펴보자. 하나님은 도대체 왜 성을 '발명'하셨을까? 창세기 1:27은 "하나님께서 자기 형상 곧 하나님의 형상대로 사람을 창조하시되 남자와 여자를 창조하시고"라고 말한다. 성은 휴 헤프너(Hugh Hefner, 플레이보이 잡지 발행인)나 펜트하우스(미국 성인 잡지)에서 기원한 것이 아니다. 성은 하나님께서 인간을 창조하신 후에 더 많은 사람을 만들기 위한 방편으로 고안된 것도 아니다. 오히려 성은 이 지구상의 모든 생명체의 필수불가결한 특질이다. 성은 우리가 하는 어떤 행위를 말하는 것이 아니라 근본적으로 우리가 누구냐를 말해주는 것이다. 따라서 성적인 영역에서의 죄는 사소한 금기사항을 어기는 정도가 아니라 우리의 인격을 침해하는 훨씬 더 심각한 문제가 된다.

하나님의 의도는 창세기 2:24 "이러므로 사람이 부모를 떠나 자기 아내와 연합하여 한 몸을 이룰지니라"에서도 볼 수 있다. 오늘날의 많은 사람들이 서로 동의한 성인들의 성관계는 괜찮다거나 또는 가치중립적이라고 생각한다. 그러나 한 남자와 한 여자의 성적 연합은 오직 결혼 안에서만 누려야 하는 축복이다.

나는 이혼이 일반화되고 있는 세상에서 시대착오적으로 보일 위험을 무릅쓰고 성경이 말하는 결혼의 의도를 설명하고자 한다. 결혼은 법적으로 새롭게 탄생한 한 가정이 사회 안으로 들어가는 것으로, 한 남자와 한 여자가 평생 사랑하고 헌신해야 할 결합이다. 결혼식은 "이 남자에게 손대지 마십시오. 이 여자에게 손대지 마십시오. 그들은 더 이상 누구도 손 댈 수 없는 사람들입니다. 그들은 서로에게 헌신하기로 선언한 사람들입니다"라고 사회에 선포하는 것이다. 다시 말하면 결혼은 두 사람에게 하나님이 주신 도덕적 울타리를 치는 것이다. 따라서 이 울타리 밖에서의 성관계는 보호받지 못하며 하나님이 남편과 아내에게 의도하신 축복의 범위를 벗어나는 것으로 큰 후회와 상처 등의 복잡한 결과를 낳게 된다.

배우자간의 성적 연합을 통해 하나님께서 의도하신 목적은 적어도 세 가지 곧, 즐거움과 번식과 예방이다. 사회는 성을 쾌락적인 것으로 보고 그리스도인들은 너무 고상한 것으로 본다. 그러나 성에 대한 하나님의 의도는 즐거움이다. 늙은 사라가 '내가 노쇠하였고 내 주인도 늙었으니 내게 무슨 "즐거움"이 있으리요'라고 혼잣말을 하는 창세기 18:12를 살펴보라. 그리고 신명기 24:5에도 결혼한 지 얼마 되지 않은 젊은이는 군대에 가지 않고 1년 동안은 자기 아내를 "즐겁게" 해주어야 한다고 말한다. 그 외에 가장 거룩한 결혼 교범으로 볼 수 있는 솔로몬의 아가서와 전도서도 있다.

배우자간의 성적 연합을 통한 번식은 너무 당연할 뿐 아니라 또한 성경적이다. "아담이 그의 아내 하와와 동침하매 하와가 임신하여 가인을 낳고…" (창 4:1). 타락 이전에 하나님은 아담과 하와의 연합을 축복하셨고 그들에게 "생육하고 번성하라"고 말씀하셨다(창 1:28). 생육하고 번성하라는 하나님의 명령을 충족시킬 수 있는 방법은 그때나 지금이나 오직 한 가지밖에 없다.

결혼에서 성적 연합의 세 번째 목적은 예방을 위해서이다. 고린도전서 7:2은 "음행을 피하기 위하여 남자마다 자기 아내를 두고 여자마다 자기 남편을 두라"고 말한다. 그렇다! 결혼에서의 성은 오늘날 어디에나 만연되어 있는 충격적인 현상 곧 결혼관계 밖의 성관계를 예방하기 위한 것이다.

하나님께서 성에 대해 이렇게 아름다운 의도를 가지신 것은 너무도 좋은 일이지만 문제는 우리가 살고 있는 세상이 매우 세속적이라는 것이다. 우리는 세속적인 것들에 대해 생각하고 쳐다보고 행동한다. 이 글을 읽고 있는 대부분은 그리스도인이고 어쩌면 보통 사람들보다 훨씬 더 헌신된 사람들일 것이다. 따라서 성에 대한 세속적인 생각이나 행동들 때문에 괴로워하고 있을 수도 있다. 아니면 이미 그런 고민을 팽개치고 세상 사람들처럼 자신을 그 속에 맡겨버린 채 이렇게 말할지도 모르겠다. "기분이 좋잖아요. 모두가 그렇게 하고 있는 걸요. 서로 사랑하는데 뭐 어때요?" 아니면 "이런 충동은 하나님이 주셨잖아요. 하나님의 잘못이에요. 정말 혼란스러워요"라고 말이다.

바로 이 부분이 기도와 아주 밀접하게 연관된다. 기도가 성적인 문제들이나 부부간의 문제들을 돕는다는 것은 이상한 일이 아니다. 베드로전서 3:7과 고린도전서 7:3~5 그리고 창세기 24:12~14을 읽어보라. 그러나 기도와 성은 이 구절들에 나와 있는 것보다 훨씬 더 깊은 연관이 있다. 기도는 성적인 영역에서 회복과 변화와 유혹에 저항할 수 있는 힘을 준다.

먼저 기도는 우리를 회복시킨다. 시편 66:18은 "내가 나의 마음에 죄악을 품었더라면(고이 간직하고 있으면, 눈짓을 보내고 있으면, 거짓말이 내 마음에 사정없이 파고들게 하면) 주께서 듣지 아니하시리라"라고 말한다. 우리가 죄를 지었다는 것과 죄에서 회복될 필요가 있다는 것을 인정하기 전까지 회복은 있을 수 없다. 다윗이 성적인 잘못을 저지르고 난 후에 시편 51편에서 한 기도는 우리가 따라야 할 모델이다.

우리는 애통한 심령으로 하나님 앞에 나아와 우리 죄를 인정해야 한다. 하나님께 죄를 고백하고 그분이 용서해 주실 것을 확신해야 한다. 시편 51:17은 이렇게 말한다. "하나님께서 구하시는 제사는 상한 심령이라 하나님이여 상하고 통회하는 마음을 주께서 멸시하지 아니하시리이다." 기도를 통해 우리는 하나님께 우리의 죄를 고백하고, 우리를 깨끗하게 해달라고 말씀드릴 수 있다. 우리가 죄를 회개하는 것(방향을 바꾸는 것)도, 그 결과 우리를 돌보시는 은혜로운 하나님 아버지와의 교제를 회복하는 것도 기도를 통해서다. C. S. 루이스는 "회개는 우리가 하나님 앞에 나아오기 전에 해야 하는 어떤 행동이 아니라 하나님 아버지 앞에 나아오는 그 자체이다"라고 말했다.

또한 기도는 우리가 변화되도록 돕는다. 우리들은 "하나님은 용서해 주실 수도 있겠지. 하지만 난 앞으로의 시간이 두려워"라고 생각한다. 하나님의 은혜의 놀라운 점은 하나님은 용서해주실 뿐만 아니라 새롭게 시작할 수 있게 해 주신다는 것이다. 하나님은 말 그대로 성적인 죄로 실패하는 우리를 역전시키실 수 있다. 요엘 2:25은 "내가 전에 너희에게 보낸 큰 군대 곧 메뚜기와 느치와 황충과 팥중이가 먹은 햇수대로 너희에게 갚아 주리니"라고 선포한다. 우리가 하나님께 회개 기도로 나아오면 하나님은 우리의 삶을 완전히 변화시켜 주신다(욜 2:12~17의 주제이다). 하나님은 우리를 이전과는 다른 방향으로 이끄시며 치명적인 죄의 독이 빠져 나가게 하신다. 기도는 거룩한 해독제가 우리 몸속으로 흐르게 만드는 수액 주사로 스스로의 연약함과 잦은 반항으로 자신에게 입힌 상처를 회복시켜준다.

성과 관련한 기도의 세 번째 측면은 유혹에 대한 저항이다. 예수님은 두 번이나 '시험에 들지 않게 기도하라'고 말씀하셨다(눅 22:40, 46). 기도는 지속적으로 우리를 옭아매는 성적 유혹으로부터 빠져나올 수 있게 도와준다.

기도는 죄로부터 회복할 뿐만 아니라 죄를 예방할 힘을 준다. 그리고 당연히 예방이 회복보다 더 좋은 것은 예방은 슬픔이 아닌 기쁨을 주기 때문이다. "허락받는 것보다 저지르고 난 후에 용서받는 게 더 쉽다"는 말이 있지만, 성적인 죄가 가져오는 고통과 상처를 생각할 때 이 말은 진리가 아니다. 기도는 우리가 성적인 유혹에 맞설 수 있는 용기를 준다. 어떤 찬송가 작사자는 이것을 "내 기도하는 달콤한 그 시간, 유혹자의 함정을 벗어나게 해주는 내 기도하는 달콤한 그 시간"으로 묘사하기도 했다.

요약하면 성은 하나님이 결혼이라는 도덕적 울타리 안에서 최고의 친밀감을 누리도록 사람에게 주신 선물이다. 우리는 성의 영역에서 온갖 종류의 유혹과 씨름하며 이런 저런 방식으로 걸려 넘어진다. 그러나 기도를 통해 우리는 회복되고 변화되며 유혹에 저항할 수 있다.

이 세 가지 진리가 성적 영역에서 우리가 알아야 할 전부는 아니다. 하지만 이것은 축복받았지만 여전히 불완전한 세상에서 우리가 "정상적인" 그리스도인으로 살아가기 위해 알아야 할 필수적인 것이다. 성적 유혹이 올 때 즉각 떠올려야 할 단어가 있다면 그것은 '기도'이다.

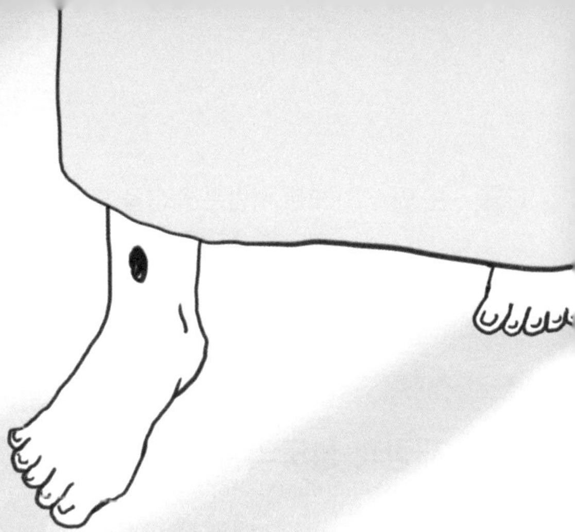

11

그리스도의 재림 : 깨어있으라!

(데살로니가전서 4:13~5:11)

예수님은 다시 오신다고 약속하셨다.
이 과에서는 예수님이 재림하실 때
성도들에게 어떤 일이 일어나며,
재림을 기다리는 성도들이
어떻게 살아야 하는지 살펴보고자 한다.

도입 | 모든 사람은 죽음을 맞이하게 된다. 당신은 자신의 죽음에 대해 어떻게 생각하는가?

재림과 성도의 부활

1. 바울이 4:13~14에서 말한 것을 볼 때 데살로니가 성도들이 어떤 질문을 가지고 있었다고 생각되는가? (4:13~14)

2. 예수님이 재림하실 때 성도들에게 어떤 일이 일어나는가? (4:15~17)

3. 성도의 부활에 대한 바른 이해가 그리스도인의 삶에 어떤 영향을 미치는가? (4:13, 18)

재림에 대한 성도의 소망

성도는 성령 충만한 삶을 살고 온전히 하나님께 순종하고 싶지만 이 세상에서는 끊임없이 죄와의 갈등을 겪는다. 그러나 예수님이 재림하시면 육체의 한계를 벗어나 부활의 몸을 입어 죄와의 싸움에서 완전히 승리하게 되며, 주님과 연합하여 주님을 온전히 알게 되고 영원히 함께 거하는 기쁨을 누리게 된다.

또한 성도는 말씀에 순종하여 의롭게 살 때 불의한 세상에서 끊임없는 핍박과 고통을 당한다. 하지만 예수님이 재림하시면 사탄의 권세를 멸하시고, 모든 불의를 심판하셔서 의로운 통치로 진정한 평화와 회복을 이루신다. 그러므로 성도에게 예수님의 재림은 소망이 된다.

재림과 깨어있는 삶

4. 성경은 재림의 때와 시기에 대해 어떻게 말하는가? (5:1~3; 참고 마 24:36)

성경은 재림의 정확한 때에 대해서는 말하지 않지만 복음이 온 세상에 전파되어 모든 민족이 복음을 듣게 되면 예수님이 다시 오신다고 말한다(마 24:14).

5. 빛의 아들에게는 주의 날이 밤에 도둑과 같이 이르지 않는다고 말한다. 이 말의 의미는 무엇인가? (5:4~7)

6. 재림을 소망하는 '낮에 속한 사람'은 어떤 모습으로 살아야 하는가? (5:8~11)

재림과 깨어있는 삶

재림에 대한 소망이 없으면 현실에만 몰두해서 물질주의나 자기만족, 세상의 유혹에 빠지기 쉬우며 핍박을 이겨내지 못한다. 반면에 일상을 무시한 채 재림만 기다리는 것도 예수님의 재림을 잘못 이해한 것이다. 주님의 재림을 대비하는 것은 데살로니가 성도들처럼 믿음으로 행하고, 사랑으로 섬기며, 소망 가운데 그리스도의 재림을 기다리는 것이다. 성도는 재림의 시기보다 어떻게 재림을 준비할지에 관심을 두고 깨어서 맡기신 사명을 일상에서 충성스럽게 감당해야 한다.

적용 | 오늘 배운 예수님의 재림에 대한 내용이 당신의 삶에 어떤 영향을 끼치겠는가? 당신의 삶에서 구체적으로 변화되어야 할 것은 무엇인가?

결론 | 예수님은 반드시 다시 오시며 그때 그리스도인은 예수님의 부활 영광에 참여하게 된다. 그리스도인은 이 소망을 가지고 빛의 자녀답게 날마다 깨어 있는 삶을 살아야 한다.

Movements Everywhere!

#11 사랑으로 진실을 말하기

순원이 영적으로 성장하기 위해 변화가 필요한 부분이 있다면 사랑하는 마음으로 권면하라.

* 기도하며 순원의 영적 필요 파악하기
* 순원에게 권면하기

☞ 순원의 연약함을 비난하거나 정죄하는 대화가 되지 않도록 주의해야 한다. 순원과의 신뢰 관계와 순원이 수용할 수 있는 범위를 고려하는 것이 중요하다. 말없이 기다리며 기도해야 할 때도 있다. 8과 아티클 "바울의 제자화 과정"을 참고하라.

Article

11

그리스도의 재림

릭 제임스(Rick James)

사도 바울은 데살로니가전서 4:18에서 예수 그리스도의 재림에 대해 설명한 후 “이러한(재림에 관한) 말로 서로 위로하라”고 권면한다. 교회 역사를 살펴보면, 시대마다 그리스도의 재림을 집중적으로 가르치곤 했다. 그런 가르침이 도를 지나칠 때도 있었다. 예수님은 분명히 아무도 재림의 정확한 시간과 날짜는 알 수 없으며 “때와 기한은 아버지께서 자기의 권한에 두셨으니 너희의 알 바 아니다”(행 1:7)라고 말씀하셨다. 그럼에도 불구하고 어떤 교사들은 종종 재림의 정확한 날짜와 시간을 주장하기도 했다.

재림에 대한 잘못된 가르침 때문에 여러가지 부작용들이 일어나기도 했다. 이런 부작용들로 인해 재림에 대해 아예 가르치지 않는 사람도 있었다. 이는 ‘재림에 관한 말로 서로 위로하라’는 바울의 권고를 따르지 않은 것이다. 그들의 태도가 이해되기는 하지만 이것도 큰 문제를 일으킨다. 그리스도가 언제든지 재림하실 수 있다는 사실을 우선적으로 생각하지 않는다면, 우리는 기대감과 소망과 시급성은 물론 영원한 관점까지 상실하게 될 것이다. 그렇게 되면 우리는 지금 여기, 즉 이 세상에서만 잘 살면 된다는 생각에 빠지기 쉽다.

사도 바울처럼 하나님의 나라를 위해 큰 영향력을 끼친 그리스도인들의 영적 삶을 살펴보면, 그들의 삶에 그리스도의 재림에 대한 기대와 긴급함에 대한 의식이 두드러진다는 것을 알게 된다. 예수님의 재림이 임박했다는 의식은 그들이 열심을 다해 복음을 전하도록 했다.

성경의 가르침은 우리 영혼의 비타민과 같다. 특정 비타민을 섭취하지 않더라도 한 동안은 잘 지낼 수 있지만 점차 체력이 떨어지고 의욕이 사라지는 것을 경험하게 된다. 이와 같이 성경의 핵심 주제 가운데 하나인 예수님의 재림에 대한 가르침은 그리스도인들에게 큰 위로와 힘과 격려를 준다. 그리스도인으로써 우리가 '재림에 관한 말로 서로를 위로'할 때 온전히 그리스도인의 삶을 살고자 하는 동력을 경험하게 될 것이다.

성경은 그리스도의 재림에 관해 세 가지 중요한 주제를 강조한다.

준비하라

누가복음 12:40에서 예수님은 "이러므로 너희도 준비하고 있으라. 생각하지 않은 때에 인자가 오리라"고 말씀하셨다. '준비하고 있으라'는 말씀은 예수님의 재림과 관련된 성경 여러 곳에서 나타난다. '준비하고 있으라'는 것은 무슨 뜻인가? 이 말은 그리스도께서 내일 당장 재림하신다 할지라도 현재 살아가는 삶의 방식을 급격히 바꿀 필요가 없는 방식으로 살아가는 것을 말한다.

당신이 얼마나 준비되어 있는지를 측정해 볼 수 있는 한 가지 방법은 "1년 후에 예수님이 재림하신다면 나는 지금과 다른 방식으로 살아야 하는가?"를 스스로에게 물어 보는 것이다. 당신이 평소에 재림을 준비하는 삶을 살고 있다면 당신의 삶을 급격하게 바꿀 필요가 없을 것이다.

오늘날에는 사람들이 90세나 100세까지 살 수 있을 것이라고 생각한다.

100세까지 사는 것이 당연하다고 생각하며 살아간다면 그리스도인의 삶에 있어서 긴급성에 대한 의식을 잃어버리기 쉽다. 그리스도인의 삶은 경주라고 할 수 있는데 100세까지 산다는 생각은 결승점을 멀리 두게 한다. 결승점을 멀리 두게 되면 "긴 여정"을 위한 계획을 세우고 긴 여정을 가능한 편안하게 하려는 것에 몰두하게 될 것이다. 그리스도의 재림이 임박했다는 의식은 결승점이 바로 우리 코앞에 있다고 생각하게 함으로 속도를 내게 하고, 우리의 걸음을 처지게 만들어 목적지에 도달하지 못하도록 방해하는 것들을 벗어 버리게 할 것이다.

디모데전서 6:13~14은 그리스도의 재림이 임박했다는 인식이 우리에게 어떻게 동기 부여하는지 보여준다. 바울은 그의 제자 디모데에게 "우리 주 예수 그리스도께서 나타나실 때까지 흠도 없고 책망 받을 것도 없이 이 명령을 지키라"고 말한다. 바울은 디모데에게 결승점(그리스도의 재림)이 가까워졌으니 인내하라고 권면하고 있는 것이다. 재림이 임박했다는 의식은 인내할 수 있는 용기를 불어넣어 준다. 그리스도의 재림이 임박했다는 관점을 잃어버리게 되면 우리는 삶에서 편안함과 안전을 추구하는데 집중하게 될 것이다. 왜냐하면 우리의 눈이 60~70년 후에나 있을 결승점에 가 있기 때문이다. 우리가 그리스도인으로서 경주를 할 때 결승점이 멀리 있다고 생각하게 되면 우리는 최대한 그 여정을 편안하게 하려고 애쓸 것이다.

초점을 잃지 말라

많은 그리스도인들이 그리스도의 재림을 "준비"하지 못하는 또 다른 이유가 있다. 그 이유는 많은 재물을 쌓거나 안일을 추구하는 것 외에 죄악된 삶으로 돌아서는 것과 관련이 있다.

베드로전서 1:13에서 베드로는 시련과 박해에 직면한 그리스도인들이 불신자였을 때 행하던 죄악된 옛 습관으로 되돌아갈 것에 대해 염려하고 있다. 그는 이렇게 말한다. "예수 그리스도께서 나타내실 때에 너희에게 가져

다주실 은혜를 온전히 바랄지어다.” 그리스도인의 삶의 결승점이 100세라는 생각은 우리의 달리는 속도를 처지게 만들고 여정을 편안하게 하는 것에 온 관심을 쏟게 할 것이다. 또한 우리는 과거에 그랬듯이 불신자들처럼 죄의 웅덩이가 있는 옆길로 빠져 “물 마시기 위한 휴식”을 자주하게 될 것이다.

베드로는 시련과 박해 앞에서 그리스도인들이 큰 압박을 느끼며 이를 벗어나기 위해 그리고 편안함을 위해 죄로 돌아서고 싶은 유혹을 받게 될 것이라는 것을 알고 있었다. 베드로가 그들에게 가르쳐주기 원하는 것은 예수님의 재림과 예수님이 재림하셨을 때 그들이 받아 누리게 될 평안함에 초점을 맞추라는 것이다. 베드로는 ‘편안함과 안일을 위해 죄악된 삶으로 눈을 돌리지 말고 결승점을 통과했을 때 누리게 될 평안함과 안식에 초점을 맞추라’고 말하고 있는 것이다.

다음의 예를 생각해 보자. 예수님이 당신에게 “그 날이 언제가 되든지 내가 다시 오는 날까지 성적 순결을 유지하라”고 말씀하시거나 “앞으로 60년 동안 순결을 지켜라”라고 말씀하셨다고 가정하고, 두 가지 상황을 비교해

보라. 그리스도가 언제라도 재림하실 수 있다는 사실은 우리가 지속적으로 결승점을 향해 달려가게 하고, 초점을 잃지 않게 하며 또한 끝까지 거룩함을 지켜가도록 격려한다.

오늘날 교회는 거룩함을 잃어가고 있는데 여기에는 여러 가지 이유가 있다. 그 가운데 하나는 그리스도 재림의 임박성이 주는 소망과 긴급성을 잃어버렸기 때문이다.

자기 속도를 지켜라

히브리서 10:25은 이렇게 말한다. “모이기를 폐하는 어떤 사람들의 습관과 같이 하지 말고 오직 권하여 그 날이 가까움을 볼수록 더욱 그리하자.” 여기서 “더욱”이라는 말 속에 표현된 핵심적인 의미는 그리스도 재림의 날이 다가오는 것을 보면서 그리스도인의 삶의 속도를 늦추지 말고 계속 지켜나가라는 뜻이다.

예수님은 어느 누구도 재림의 정확한 날짜와 시간을 알 수 없다고 분명히 가르치셨다. 그러나 히브리서 10:25은 그 날이 가까이 오고 있음을 그리스도들이 인식할 수 있다는 것을 보여준다. 데살로니가전서 5:4에서도 그리스도인은 깨어서 예수님의 재림을 맞이할 준비를 하고 있기 때문에 그날이 갑작스럽지 않다고 말한다.

한번은 제자들이 예수님께 재림에 대한 징조가 무엇이냐고 질문했다. 그러자 예수님은 그의 재림의 때를 깨닫게 해주는 몇 가지 징조들을 말씀하셨다. 마태복음 24:14은 한 가지 중요한 징조를 제시한다. “이 천국 복음이 모든 민족에게 증언되기 위하여 온 세상에 전파되리니 그제야 끝이 오리라.” 2000년 동안 이루어지지 않았는데, 이 세대 안에 세상 모든 민족이 복음을 듣게 되는 것이 가능할 수도 있다고 생각해보라. 설레지 않는가? 지난 30년 동안에는 전 세계 65억의 사람들 가운데 20억이 누가복음을 기초로 예수님의 생애를 다룬 "예수 영화"를 관람했다(2001년도 통계). 이것은 그리스도께서 하신 말씀이 성취되고 있다는 것을 보여주는 수많은 사건들 가운데 하나에 불과하다. 재림의 날짜와 시간은 알 수 없지만 이런 징조와 관련해 볼 때 우리가 서 있는 역사의 현 시점은 매우 중요하여 우리는 이 속도가 유지될 수 있도록 힘을 내야 한다.

더욱 더

나는 세계적으로 유명한 선수들이 NBA(미국 프로농구) 챔피언이 되기 위해 경쟁하는 NBA 플레이오프 경기를 시청하는 것을 정말 좋아한다. 경기를 처음 시작할 때 모든 선수들은 반드시 이기기 위해 투혼을 발휘한다. 그러나 놀랍게도 경기의 마지막 몇 분 동안에 선수들은 경기의 강도를 더욱 높인다. 패스는 득점을 하느냐 공을 뺏기느냐의 문제가 되고, 드리블은 치열한 경쟁이 된다. 경기가 마지막 몇 초를 남겨 놓게 되면 모든 사람들은 일제히 초시계를 쳐다본다. 한 가지 알 수 있는 것은 어떤 경기든 끝날 때쯤에는 시작할 때보다 선수들이 더 치열하게 경기한다는 것이다. 이것이 바로 우리가 그 날이 가까워지는 것을 볼수록 "더욱" 힘쓰는 것에 대한 좋은 예이다.

복음이 온 세상의 마지막을 향해 가고 있는 지금, 우리는 그리스도인의 삶과 사역의 속도를 유지해야 한다는 사명감으로 차 있어야 한다. 경기의 마지막을 장식하는 테이프를 향해 몸을 앞으로 기울인다는 의식을 가져야 한다. 이것이 바로 지금 그리스도인들에게 필요한 "더욱 더" 의식이며 경각심이다. 그리스도의 재림과 관련해서 "여러 말로 서로를 권면"할 때 이런 노력으로 경주해야겠다는 마음이 생기게 된다.

12

건강한 영적 공동체 만들기

(데살로니가전서 5:12~22)

건강한 영적 공동체는 그리스도인의 성숙과
하나님 나라의 확장을 위하여 필수적이다.
이 과에서는 건강한 영적 공동체를 세우기 위해
각 구성원이 무엇을 해야 하는지 배우게 된다.

도입 | 당신이 속한 공동체 중에 좋은 공동체라고 생각되는 곳은 어디인가? 그 이유는 무엇인가?

존중과 돌봄

1. 바울은 공동체 안에서 영적 지도자를 존중하고 귀하게 여기라고 말한다. 영적 공동체에서 왜 이것이 중요하다고 생각하는가? (12~13절)

2. 당신이 귀하게 여겨야 할 영적 지도자는 누구인가? 어떻게 그의 수고를 귀하게 여기며 존경을 표현하겠는가?

3. 건강한 영적 공동체를 위해 공동체 안의 연약한 사람을 돌보는 것은 중요하다. 바울은 아래의 각 사람들을 어떻게 도우라고 말하는가? (14절)

(1) 게으른 자들(무질서하게 사는 사람들)

(2) 마음이 약한 자들

(3) 힘이 없는 자들

(4) 모든 사람

4. 영적 공동체에 속한 자들은 서로를 대할 때나 모든 사람을 대할 때 악으로 악을 갚지 말고 항상 선을 따라야 한다. 당신은 이것을 어떻게 적용하겠는가? (15절; 참고 마 5:38~48)

영적 성숙과 성령의 일하심

5. 바울은 핍박을 당하고 있는 교회에게 '항상 기뻐하라, 쉬지 말고 기도하라, 범사에 감사하라'고 말한다. 이 말의 의미는 무엇이며 어떻게 이런 일들이 가능할까? (16~18절; 참고 롬 8:28)

6. 바울은 19~22절에서 성령의 일하심을 잘 분별하라고 가르친다. 아래의 글을 읽고 성령의 사역인지 분별할 수 있는 기준을 생각해보라.

"성령을 소멸하지 말며"(19절)

성령은 그리스도를 영화롭게 하고 모든 믿는 사람들을 진리 가운데로 인도하기 위해 오셨다(요 16:13~14). 또한 성령은 그리스도인에게 성령의 열매(갈 5:22~23)와 은사(고전 12:4~11)를 주셔서 개인과 공동체의 성숙과 성장을 돕는다. 그리스도인은 사람의 이성을 뛰어넘는 성령의 감화와 일하심을 제한하지 말아야 한다.

"예언을 멸시하지 말고"(20절)

성경이 완성되지 않은 초대 교회에서는 목사나 교사가 말씀을 해석하여 가르치는 방식 외에도 성령의 감동을 받은 사람의 예언을 통해 하나님의 말씀을 직접 전하기도 했다. 바울은 이런 방식으로 나타나는 예언을 멸시하지 말라고 한다. 성경이 완성된 오늘날의 예언이란 성경의 범위를 벗어나 미래의 사건을 알려주는 것이 아니라 성경을 바르게 해석하여 삶에 잘 적용하도록 전달해주는 것이다.

"범사에 헤아려 좋은 것을 취하고 악은 어떤 모양이라도 버리라"(21~22절)

그리스도인은 성령의 일하심에 열려있어야 하지만 그 일이 정말 성령의 일하심인지 자세히 살펴 분별해야 한다. 성령의 이름으로 행하는 것에 대해 무조건 받아들이거나 무조건 거부하는 것은 옳지 않다. 그 사역이 하나님의 성품(사랑, 질서, 인격적, 거룩 등)과 일치하는지 잘 살펴서 악한 모습이 보이면 멀리해야 한다.

적용 | 당신이 속한 공동체가 더욱 건강해지기 위해 당신이 실천해야 할 것이 무엇인지 나누어 보라.

결론 | 영적 공동체에 속한 구성원들은 지도자들을 존중하고, 서로 돌아보며, 믿음의 태도를 유지하고 항상 성령의 일하심에 열려 있어 좋은 것을 취해야 한다. 건강한 영적 공동체는 모두가 함께 노력할 때 세워진다.

Movements Everywhere!

#12 순장의 삶으로 초대하기

그리스도인은 주님의 명령에 따라 제자 낳는 삶을 살 때 하나님의 마음과 뜻을 더 깊이 이해하게 된다. 순원에게 순장의 삶을 도전하라.

* 순장의 삶 간증하기
* 순장의 삶 인터뷰하는 과제 내주기
"순장님은 왜 순장이 되었나요? 순장으로 살면 뭐가 좋나요?"

Article

12

영적 공동체

윌 워커(Will Walker)

무언가를 찾기 위해 여기저기 돌아다니는 개미처럼 나는 무언가를 찾아 꽤 오랫동안 헤맸다. 나는 영적 공동체를 만난 후에야 비로소 나에게 필요했던 그 무언가가 바로 영적 공동체였다는 것을 알게 되었다. 놀랍게도 내가 영적 공동체를 찾아 헤매던 그 때, 공동체도 나를 찾기 위해 움직이고 있었다.

나는 공동체 사람들이 필요하고 그들도 나를 필요로 한다. 이는 한 사람이 나머지 구성원들 보다 더 뛰어나거나 중요해서가 아니라, 공동체 외에는 믿음이 성장할 수 있는 다른 환경이 없기 때문이다. 공동체는 영적인 삶의 일부가 아니다. 공동체 생활이 곧 영적인 삶이다.

오늘날 '공동체'라는 단어는 흔히 사용되고 있다. 물론 좋은 의미로 말이다. 하지만 어떤 말이든 너무 많이 사용하다 보면 본래 단어의 의미가 퇴색되거나 변하기가 쉽다. 공동체의 경우도 마찬가지이다. 많은 그리스도인들이 공동체 생활을 여러 활동 중의 하나로 여긴다. 이러한 개인주의적인 생각은 영적 성장에 방해가 된다.

오늘날 사람들은 자신이 하는 활동과 지식의 양과 사람들의 평가를 기준으로 자신의 영적 상태를 스스로 진단할 수 있다고 생각한다. 이런 방식은 단기적으로는 도움이 될 수 있지만, 다른 사람들과 떨어져 홀로 영적 성숙을 이룰 수 있다는 인상을 줄 수 있어 위험하다. 하나님은 우리가 다른 사람들과의 관계 속에서 성장하도록 하셨다. 혼자 성장하는 것이 가능하다면 우리는 교만해질 것이다. 그러나 영적 성장에 다른 사람들이 필요하다는 것을 알게 될 때 우리는 겸손해질 수 있다. 공동체 안에서는 서로 섬기며 성장해 가기 때문에 개인의 능력이 아닌 복음의 능력이 드러나게 된다.

공동체 안에서의 영적 성장

만일 당신이 러시아처럼 영어가 잘 통하지 않는 나라에 놀러간다면 분명 흥미로운 경험을 하게 될 것이다. 당신이 러시아에 도착하자마자 사람들과 대화하거나 글을 읽는 것은 불가능하다. 따라서 세 살짜리 어린 아이 조차 당신을 보며 웃는 상황이 펼쳐질 것이다. 당신은 바디랭귀지가 통하거나 영어를 할 수 있는 사람을 만나 "저는 미국에서 왔어요. 내가 러시아어를 하면 좋겠지만 못해요. 그만 웃고 나를 좀 도와줄래요?"라는 말을 할 수 있기까지 정말 난감할 것이다. 당신과 세 살짜리 러시아 아이의 차이가 있다면 그 아이는 태어나면서부터 러시아어를 쓰는 공동체 안에서 자랐다는 것이다. 의사소통은 공동체에 속했을 때만이 배울 수 있는 것들 중의 하나이다.

공동체는 우리가 존재하기 위한 기술뿐 아니라 환경을 제공한다. 댄 알렌더(Dan Allener) 작가는 "누구나 자신의 얼굴을 볼 수 없다"고 말한다. 이는 거울에 비친 얼굴을 볼 수 없다는 말이 아니다. 우리 자신은 스스로를 알

수 없다는 의미다. 우리 모두는 자신의 모습을 제대로 보지 못하게 하는 선입견과 편견을 갖고 있다. 거울을 볼 때 다른 모든 사람이 보는 것과 다르게 자신의 모습을 보는 것이 실제로 가능하다. 예를 들어 섭식장애를 가진 사람은 거울에 비친 자신의 모습이 날씬하다고 생각하지 않는다. 이와 비슷하게 실제 모습에 대한 왜곡은 우리의 삶에 영향을 준다. 나는 상황이나 주제에 따라 나 자신을 너무 높거나 너무 낮게 평가하는 경향이 있다. 이 평가는 내가 실제를 반영하지 않는 행동을 하게 만들기 때문에 문제가 된다.

자신을 더 잘 알기 위해 우리는 우리를 잘 아는 사람이 필요하다. 다른 사람의 눈을 통해 우리 자신을 보는 것은 많은 도움이 된다. 물론 이것도 충분하지는 않다. 다른 사람도 자신의 편견, 즉 자신의 깨어진 부분으로 보지 못하는 것이 있기 때문이다. 그러나 공동체 안에서는 다양한 관점들이 편견을 걸러내는 여과기능을 하기 때문에 여러 편견들도 균형을 이루게 된다.

누군가 내가 오페라 가수처럼 아름다운 목소리를 가졌다고 말한다면 나는 그렇게 믿을지도 모른다. 하지만 또 다른 50명이 내 목소리가 끔찍하다고 말한다면 나는 첫 사람의 의견에 의문을 갖고, 그가 나에게 거짓말을 했거나 특이한 음악 취향을 가졌다고 생각할 것이다. 공동체의 의견은 잘못된 주관적 견해로부터 우리를 보호하는데 도움을 준다.

다른 사람과의 관계는 하나님과의 관계에서 핵심적인 역할을 한다. 우리가 태어나서 처음 만난 공동체는 우리에게 복음을 듣고 읽을 수 있는 언어를 주었고, 공동체를 통한 다양한 경험과 사람들과의 대화는 우리가 그리스도 안에서 이전의 삶을 버리고 새 생명을 얻는데 영향을 주었다. 우리의 믿음이 성숙해 갈수록 공동체는 더 핵심적인 역할을 하게 된다. 우리는 그리스도를 따르는 다른 사람들과의 대화 속에서, 성경을 함께 읽고 나누는 중에, 합심으로 기도하면서 혼자서는 가질 수 없는 건강한 방식으로 하나님을 경험하게 될 것이다.

혼자서는 실제 모습을 왜곡하기 쉬울 뿐 아니라 삶의 변화를 이끌어내는 긴장감을 갖기 어렵다. '나와 하나님'만의 관계에서는 부패한 성품의 영향력을 파악하지 못한다. 반대로 다른 사람들과의 진실된 관계에서는 죄의 결과가 분명히 드러난다. 자신의 이기적인 욕심으로 발생한 갈등을 실제 마주할수록 하나님의 은혜가 얼마다 큰가를 더 깨닫게 된다. 은혜가 더 이상 값싸게 느껴지지 않게 되는 것이다. 하나님과 우리의 관계에서 다른 사람이 필요하지 않다는 주장은 좋게 말하면 근시안적이고 나쁘게 말하면 성경의 가르침과 반대된다.

나는 '하나님은 다른 사람을 사용하시지 않고는 자신을 계시하실 수 없다'고 말하는 것은 아니다. 하지만 홀로 하나님을 만날 수 있다고 해서 혼자 하는 신앙생활이 규범적이고 표준적이라고 생각해서는 안 된다.

공동체 안에서 하나님과의 관계

나는 하나님께서 '아담이 에덴동산에 홀로 있는 것이 좋지 않다'고 말씀하시는 부분이 아담이 외로워했다는 의미라고 생각한다(창 2:18). '아담에게 무엇인가 부족해'라는 생각을 하나님만 하신 것은 아니라고 생각한다. 아담도 그렇게 느꼈을 것이다. 나와 성경공부를 하는 어떤 학생들은 아담이 타락 전에 하나님과 완전한 교제를 누렸기 때문에 외로웠을 리가 없다며 이 말에 동의하지 않았다. 하지만 나는 그 학생들에게 "외로움은 죄가 아니기 때문에 아담이 타락 전에 외로움을 느낀 것은 잘못된 것이 아니다"라고 반박했다.

'우리는 하나님만이 채울 수 있는 빈 공간을 가진 존재로 만들어졌다'는 말을 들어본 적이 있을 것이다. 최근에 나는 '우리는 사람으로만 채울 수 있는 빈 공간도 가진 존재이며 이 공간은 하나님도 채울 수 없다'고 주장하는 글을 읽었다. 아직 학자들에게 확인해보지는 않았지만, 하나님이 "우리의 형상을 따라 우리의 모양대로 우리가 사람을 만들고..."(창 1:26)라고 말씀하셨을 때 나는 하나님이 공동체를 염두에 두고 말씀하신 것이라고 생각한다.

잠시 삼위일체에 대해 생각해보자. 그분들은 무엇을 하며 서로 어떻게 교제하실까? 성경의 예들을 몇 가지 생각해보면, 성자 예수님이 세례를 받으실 때 성부 하나님이 "이는 내 사랑하는 아들이요 내 기뻐하는 자라"고 말씀하셨고 성령 하나님은 비둘기같이 임하셨다(마 3:16~17). 변화산 위에서는 성부 하나님이 예수님에 대해 "이는 내 사랑하는 아들이니 너희는 그의 말을 들으라"고 말씀하셨다(막 9:7). 성자 예수님도 '나는 아버지께서 행하시는 것을 본 대로 행한다'고 말씀하셨다(요 5:19). 또한 예수님은 성령 하나님이 오실 것이기 때문에 자신이 떠나는 것이 제자들에게 더 유익할 것이라고 말씀하셨다(요 16:7). 성부, 성자, 성령 하나님은 항상 서로에게 영광을 돌리시고 서로를 섬기셨다. 함께 창조하고, 함께 일하고, 서로 사랑하는 것, 이것이 바로 공동체이다. 당신도 항상 서로 신뢰하고 사랑으로 서로의 바라는 것을 채우려고 노력하는 친구들을 갖고 싶지 않은가? 하나님도 이것을 원하신다. "우리의 형상을 따라 우리의 모양대로 우리가 사람을 만들고..." 하나님은 하나님이 공동체 안에 계시는 것과 같이 우리도 공동체 안에서 살아가기를 원하신다.

예수님은 십자가를 지시기 직전에도 이 갈망을 표현하셨다. "나는 세상에 더 있지 아니하오나 그들은 세상에 있사옵고 나는 아버지께로 가옵나니 거룩하신 아버지여...그들을 보전하사 우리와 같이 그들도 하나가 되게 하옵소서 아버지여, 아버지께서 내 안에, 내가 아버지 안에 있는 것 같이 그들도 다 하나가 되어...우리가 하나가 된 것 같이 그들도 하나가 되게 하려 함이니이다 곧 내가 그들 안에 있고 아버지께서 내 안에 계시어..."(요 17:11, 21~23). 너무 감상적으로 들리는가?

계속 이어지는 말씀에서 우리는 전도와 선교가 무엇인지도 알 수 있다. "그들로 온전함을 이루어 하나가 되게 하려 함은 아버지께서 나를 보내신 것과 또 나를 사랑하심 같이 그들도 사랑하신 것을 세상으로 알게 하려 함이로소이다"(요 17:23). 이 말씀을 통해 하나님의 창조의 계획은 사람들도 삼위일체적 공동체를 이루게 하려는 것임을 알 수 있다. 선교는 타락 후에 하나님의 계획을 회복하기 위해 시작되었다. 선교는 실제로 하나님을 중심으로 삼고 '사람만이 채울 수 있는 그 빈 공간'을 서로 채우는 일, 바로 공동체가 하는 일을 표현하는 단어이다.

이제 하나님과의 관계 회복이 공동체적인 경험이고 개인적인 성취가 아니라는 것이 이해가 되는가? 예를 들어 지식을 쌓는 과정에서 이것을 어떻게 적용할 수 있을지 생각해보자. 내가 무언가를 위해 혼자 공부하면 사람들은 그 결과만을 볼 수 있을 것이다. 그래서 사람들은 내가 뛰어난 아이큐를 타고 났거나 성실하다는 등 나를 본래 모습보다 더 좋게 평가 할 것이다. 하지만 겉으로 드러난 결과로는 나에 대한 정확한 평가를 내릴 수 없다. 반면에 내가 공동체 안에서 배운다면 사람들은 모든 과정을 보게 될 것이다.

어리숙한 모습, 도망치는 모습, 틀리는 모습, 바보 같은 질문을 던지는 모습, 내가 옳다고 억지 부리는 모습이 노출 되는 것은 나를 겸손하게 할 것이다. 나는 사람들로부터 객관적인 평가를 받는 것이 나와 하나님과의 관계에 더 좋다고 생각한다.

인간이 스스로 모든 것을 하고자 하는 동기는 타락으로 인한 인간의 기형적인 모습을 어느 정도 반영한다. 하나님은 공동체 안에 거하시는 데 우리가 스스로를 만족시키기 위해 혼자 애쓴다는 것이 얼마나 아이러니한가? 배우지 말라고 하는 것이 아니다. 나는 배움은 제자화의 핵심이라고 생각한다. 내가 말하고자 하는 것은 의미 있는 변화를 일으키는 배움은 공동체를 필요로 한다는 것이다. 개인과 공동체는 서로 주고받는 관계이다. 인격적인 변화가 공동체를 통해서만 가능하듯이, 공동체는 그 안에 사람이 있어야만 역동적일 수 있다. 우리는 서로 도움을 받기도 하고 주기도 한다는 점에서 모두 함께 존재한다. 공동체를 떠나 '나와 하나님'이라는 방식으로만 접근하는 것은 적절하지도 않고 생각해서도 안된다.